宿白未刊讲稿系列

中国古建筑考古

宿　白　著

文物出版社

图书在版编目(CIP)数据

中国古建筑考古/宿白著. -北京：文物出版社，
2009.9（2021.4重印）

（宿白未刊讲稿系列）

ISBN 978-7-5010-2762-0

Ⅰ.中… Ⅱ.宿… Ⅲ.古建筑-考古-中国 Ⅳ.K928.71

中国版本图书馆CIP数据核字(2009)第057588号

中国古建筑考古

（宿白未刊讲稿系列）

宿　白　著

责任编辑：李　力

重印编辑：吴　然

封面设计：李　红

责任印制：陈　杰

出版发行：文物出版社

社　　址：北京市东直门内北小街2号楼

邮　　编：100007

网　　址：http://www.wenwu.com

经　　销：新华书店

印　　刷：北京荣宝艺品印刷有限公司

开　　本：787mm×1092mm　1/16

印　　张：7.5

版　　次：2009年1月第1版

印　　次：2021年4月第3次印刷

书　　号：ISBN 978-7-5010-2762-0

定　　价：32.00元

目　录

插图目录

彩版目录

第一章 序 论 *

基本内涵与特征

《中国古代建筑》课是专为学考古的同学开设的，它不同于一般的中国古代建筑史（彩版一～三）。一般建筑史是为建筑创作（设计）服务的，是为今天的建筑实践做借鉴的，是古为今用的。我们的古代建筑课也是古为今用，但是为今天的考古工作服务的，因此，这个课的内容是从考古工作的需要考虑的。考古工作需要古代建筑知识的方面很多，有很多已是中国考古学各段的主要内容，如城址、墓葬。这些我们当然不会去重复它；但有些大型居住址的布局、主要殿堂平面，各段考古学中可能分析得少些，我们要涉及到。我们这课的另一个主要内容，是针对现存地面上的古代建筑。现存地面上的古代建筑，明清以前主要是个体建筑物。因此，我们要着重个体建筑物。考古工作的第一步是断年分期，所以我们要着重个体建筑物的年代特征。在断年分期的基础上进行分区、分类型的探索，是考古工作的第二步，因此我们要在各时代的个体建筑中，注意地区和类型

---

　　* 《中国古建筑考古》讲稿，是李志荣同志根据 1986 年修订后的《中国古代建筑》讲稿手稿整理后改订的名称。讲稿内容除唐含元殿龙尾道部分略有修订外，全稿其他文、图均无改动。又稿内手绘插图皆属示意性质的插图，原绘于讲稿内或背面，是为了讲课时随手在黑板上绘图作参考准备的——同时也要求同学随堂摹画在自己的笔记本上。李同志整理讲稿时，几乎全部保留了这些手绘示意图样，主要是想较完整地反映 20 世纪九十年代以前北大历史系考古教研室和后来的考古系（1983 年考古独立成系）开设这类类似科技性课程的上课方式；至于这些手绘图样，大部分在讲稿中都标注了出处，可据以查阅它们的来源。

的差异。现存地面上的古代建筑主要是统治阶级上层的建筑物，这些统治阶级上层的建筑物大都是高级建筑，其中更多的是官式建筑，所以我们讲述分析的古代建筑很少讨论到古代的民间建筑，事实上古代的民间建筑也很少能保存下来；即使是间接的图画资料也很少。不论分析官式建筑的年代，或是探索它的地区性和类型问题，都要从具体建筑物的细部入手，着眼于细部难免琐碎，这一点大家要有思想准备。

我们这个课的主要重点既是个体建筑物，首先我们就要了解我国个体建筑物基本的组织结构。我国个体建筑物基本的组织结构可分三大部分：一、台基，二、木架，三、屋顶。我们古代建筑主要是木结构，木结构需要有坚固的台基，这一点和西方的垒石建筑不同。我们的古代建筑非常重视基础，即所谓奠基工程。一座建筑物的开始，首先要挖较深的基座，然后施夯版筑一直到接近地平面，然后建台座，台座之上布石础，础之下还筑有更坚固的础基，这种础基唐以后多用碎砖、夯土相间捣实（礋）。石础之上才立木架。木架最下面是柱子，前后柱上置梁，柱梁之间设斗栱，梁有多层。上梁与下梁之间施驼峰、蜀柱、斗子，左右梁之间施枋、槫（方木曰枋，圆木曰槫，槫在明清时叫檩、桁），从柱子到各层梁的驼峰蜀

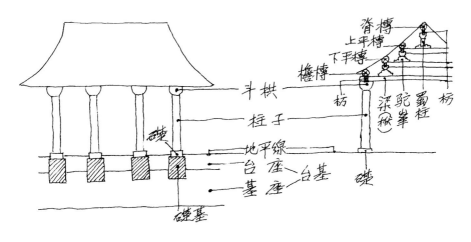

图 1-1　个体建筑物台基和木架的组织结构与名称

柱斗子枋槫等，都是木架部分
（图1-1）。上下槫之间顺架椽
子，椽上铺望板布瓦装脊，这个
部分是屋顶。屋顶有各种样式
（图1-2），常见的有四注（四面
坡，也叫庑殿顶）、歇山（九脊
顶）、悬山（两面坡）和硬山
（两端不出头的两面坡）。硬山山
墙高出屋脊的叫封火山墙，这种
形式多见于长江流域。上述的是
一般屋顶。也有一些特殊建筑物
上使用各种攒尖顶（圆的，多角
的）和盝顶（也叫覆斗顶）。四
注和歇山两种顶，也有使用重檐
或三檐的。个体建筑物基本组织
结构这三大部分（台基、木架、
屋顶）中最重要的是木架，木架
中变化最清楚的是柱梁之间的斗
栱，其次是梁，梁有多层，所以

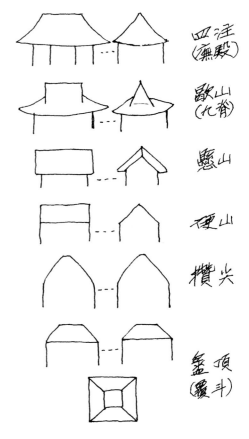

图1-2　个体建筑物常见的几种屋顶

也叫梁架。斗栱和梁架是我们分析个体古代建筑的重点项目，也可以说是
这个课的基本功。为了打好基本功，所以这两项都各有一次作业。通过两
次作业，也就把个体古建的专用名词弄清楚了，因此这两次作业对学习
是很关键的。

研究史

　　关于建筑方面的知识，和其他技术学科的知识一样，古代都是掌握在
工匠手中，这种情况外国也是如此。技术知识只掌握在工匠手中之时，一

般工匠是不会注意探索技术发展的历史的，他们只注意实践的改进，因而过了时的技术就模糊了，甚至不了解了。就我国古代建筑而言，明清的建筑工匠是不大明白宋代的建筑的，同样宋代的匠师也看不太懂唐代建筑。社会发展进入资本主义社会以后，由于工业的发展才促使技术科学的大踏步前进，因而产生了技术史的研究。资本主义在我国没有得到充分的发展，因而技术史的研究在我国出现得很晚，大体开始于早期留学生归国一个时期以后，具体的时间大约在 20 世纪的二十至三十年代，技术史中的建筑部分开始于三十年代。

日本资本主义从 1868 年明治维新后，发展较快，所以他们研究技术史比我们早。日本自古以来即向中国学习，他们整理自己的技术史，有许多方面都要追踪到中国，建筑史也是如此。因此，当我们还不太注意我们的古建筑的时期，就有日本人在调查我们的古建筑了。约从 20 世纪初起，日本一些研究中国的所谓学者就和他们的军国主义勾结在一起，1900 年八国联军侵占北京的时候，一个东京帝大系统的建筑学家伊东忠太就随军测绘了北京紫禁城的一部分，1903 年发表《北京皇城调查报告》。1902 年，这个日本人又在河北、山西、河南各地调查我们的古代建筑和石窟寺院，后来他又调查了长江下游和浙北地区，1920 年还跑了一趟山东。伊东可以作为注意我们古建筑第一代日本人的代表，他以日本建筑史的知识比较我国的古建筑，最早指出大同、应县、正定、苏州许多宋辽金建筑物的重要性。从二十年代到 1937 年"七七事变"以前，有四个日本人的工作值得我们注意。东大系统的建筑学家关野贞和佛教史家常盘大定二人从 1920～1928 年，合作了近十年，他们以重要佛教寺院为目标，在我国做了五次长期调查。华北、华东和中南地区的重要佛教遗迹他们大部都跑过了，就古建筑言，他们记录了登封少林寺、嵩岳寺、会善寺，济南神通寺，曲阜孔庙等；1932 年，关野贞还去义县测绘了奉国寺。常盘、关野的调查，每次长则半年，短也有两个月，时间比较从容，每到一处他们都从注意寺院的历史开始，所以工作比伊东为细致。关野研究我们的古建筑，注意了我们古建筑本身的发展，也比伊东简单对比的方法为先进。这阶段的第三个人是京都帝国大学的滨田耕作，他是一个美术史家，他是从研究日本古代美术的来源这个角度注意我国古代建筑的，他注意的范围主要在汉代遗物如石阙、陶楼阁，还有北朝石窟中所雕造的建筑形象。滨田涉及的面不广，但他是京都美术考古的创始人，在他的门下出现了一批调查我国石窟的"学者"。第四个人是村田治郎，他是旅顺工大的建筑学教授，远在"九一八"事变以前，就对我国东北地区的古建筑进行了长期工作，1927年就出版了《奉天昭陵图谱》，当时他还是很年轻的少壮派。他最活跃的时候应是1937年"七七事变"日本全面侵略我国之后。

"七七事变"以后中日战争期间，日本人对我国古建筑的调查已经接近尾声了，上述的村田治郎实测了居庸关过街塔塔基，还在朔县调查了崇福寺大殿，这是一座较为别致的金代大殿。此外关野贞带着一个助手叫竹岛卓一，普查了东北和内蒙古地区的辽金建筑。还有二个东大系统的梅见逸荣、长尾雅人，普查了内蒙、东北地区的喇嘛教寺院。以上这些日本人，除竹岛卓一和长尾雅人外都已故去了。竹岛在战后六十年代出版了《营造法式の研究》，这部书在一定意义上总结了以前对宋以前建筑的调查、研究成果。长尾后来在京都专门研究藏文书籍了。日本人研究中国建筑比西方人方便很多，但宋以后日本的建筑自己的风格技法日益发展，因而和中国的距离愈来愈远了，而他们的研究者并不掌握我们的明清建筑，因此，他们并不能从我们明清建筑向上追溯，所以就很难深入。这样，当我们自己的古建筑研究水平提高后，他们的调查资料一直到研究成果，值得我们重视的就不太多了。

我们自己对古建筑的研究，开始于上世纪三十年代，到现在已有近六十年历史，初步小结一下，就工作重点的不同，工作机构的改变等方面看，可分为前后两期。前期从三十年代初到1949年以前；这以后属后期。前期主要是中国营造学社的工作。学社创办于1929年，是朱启钤私人集资创办的专门研究古建筑的学术机构。朱民初曾任内务总长，对传统工艺有兴趣，1926 年曾重刊湮没已久的《营造法式》，刊印精细，解放后几次重印还用这个本子。朱不懂建筑科学，他注意古代建筑只能翻文献，所以他在这方面的主要成绩只有《哲匠录》，发表在《营造学社汇刊》上。学社创立的第二年（1930 年），聘梁思成、刘敦桢两先生主持业务工作，梁留美，刘留日，都是专攻建筑的专家，他们从 1930 年到 1937 年"七七事变"，仅仅六七年间，作出了很多成绩，给我国古代建筑这门学科奠定了基础。抗战以后学社从北平迁到后方（昆明），在非常困难的条件下继续工作，1944 年刘先生到中央大学主持建筑系，即今天的南京工学院，抗战胜利后，学社随梁先生附设在清华大学建筑系，一直到 1949 年解放后学社解散。营造学社的成绩实际上就是梁刘两位的工作。现在总结一下主要有以下四项：

1. 调查和实测了一大批重要古建筑。有蓟县独乐寺，大同、应县的辽金建筑，正定、太原的宋金建筑，豫北的宋元建筑，曲阜的金元以来的孔庙，北京的明长陵、智化寺和清代的文渊阁以及易县的清西陵等。

2. 发现和实测了一大批重要的古建筑。最主要的是五台佛光寺唐代大殿，宝坻广济寺、新城开善寺、易县开元寺的辽代建筑，榆次雨华宫的北宋建筑，五台佛光寺金代建筑文殊殿，赵城（今洪洞）等地的元代建筑，浙江武义延福寺元代大殿，还有四川成都的前蜀永陵（王建墓）和云南地区唐以来的宗教建筑物。

以上这两项给我国古建筑中最重要的官式建筑的研究，提供了成系统的宝贵资料。

3. 对照实物整理了宋代和清代的二部官式建筑的专书，即《营造法式》和清工部《工程做法》，这个工作给研究官式建筑的历史敞开了大门。

4. 对汉代建筑、辽金建筑和唐宋佛塔都作了初步的小结，为古建筑的分期断年作出了范例。

总结起来，前期主要是从无到有，积累了一大批珍贵的资料，初步探索出一套文献与实物相结合的研究方法，并作出了一些断代研究的可喜成果。

后期即是 1949 年以后的工作。这以后全国经济建设普遍展开，中央文物局和清华、南工等工科学校，培养了许多古建工作人员。古建的调查、实测和保护、修缮结合在一起，由中央到地方的文物机构负责；大学和一些有关研究所着重在整理研究和古建筑新项目的开辟工作。后期的工作因正式纳入了国家计划，工作和研究人员的条件大大改善了，经费充足了，三十多年来主要成绩有以下八项：

1. 1956、1981 年全国文物普查，发现了大批实物。中原北方的重要发现有：五台南禅寺和芮城五龙庙各发现了一处唐代佛殿，前者有建中三年（782 年）纪年，是现知我国最早的一座木结构；平遥镇国寺五代的大殿（963 年，北汉天会七年）、涞源阁院寺辽代大殿，山东广饶的关帝庙和河南临汝白云寺宋代建筑，晋东南的一批宋元建筑，繁峙岩山寺的金元建筑，永济元初的永乐宫（已迁芮城），晋南元建舞台，陕西韩城元代建筑，北京东岳庙元建东配殿；长江流域过去只知苏州南宋的玄妙观大殿、武义延福寺元代大殿属古建筑，解放后发现了一系列的重要实物，五代福州华林寺大殿（964 年，北宋乾德二年），广东肇庆梅庵大殿、祖师殿（996 年，北宋至道二年），宁波余姚保国寺大殿（1013 年，北宋大中祥符六年），莆田玄妙观、广州光孝寺南宋大殿，泰宁甘露岩南宋小殿，四川江油云岩寺南宋西配殿（飞天藏殿）和广东德庆学宫大成殿（1297 年，元大德元年重建）及四川阆中永安寺和上海真如寺的元代大殿等，另外还在杭州凤凰寺发现了宋代砖砌的鸡笼式的伊斯兰大殿。

2. 为了保护维修，拆建了许多重要的古建筑，这对全面了解古建筑的结构、做法是很难得的学习研究机会。在拆建工程中发现了不少重要题记，这对一些不易断代的重要古建筑解决了疑难问题。如大同华严寺上寺大殿过去疑为辽建，经发现金天眷（1138～1140 年）题记，知道它是金代建筑，因而给辽金断代提供了资料；又如正定龙兴寺摩尼殿过去怀疑是金建，经发现北宋皇祐四年（1052 年）题记，知道是北宋中期建筑，因而也给金承宋制提供了证据，过去认为金建近法式制度（法式修于 12 世纪初），其实有的金代建筑还保存了更早的宋制。

3. 扩大了过去对古建筑重视的范围。过去调查古建筑着重在大型的官式木结构，解放后除了大型官式木结构外，注意了民居和铺面，在山西襄汾丁村和皖南徽州一带发现了大批明代民居，许多地点发现了明代一条街，如江西景德镇、吉州和辽宁兴城等地，发现了基本是明建的一条街，这是了解明代社会生活和工商业发展的最好资料，现都原样修整保存下来了。还注意了明清时代的园林的调查实测。扩大古建范围中最重要的一项是重视了少数民族地区古建筑的调查工作，初步肯定了拉萨大昭寺中心部分是吐蕃时期的遗物，还有许多时间相当于宋元阶段的建筑，这是西藏地区的情况。在新疆霍城等地发现了相当于元代的清真寺建筑。对云南一带、内蒙古地区较早的建筑作了调查和实测。

4. 公开刊布了大批图像资料。主要的有敦煌莫高窟自北魏迄唐宋时期的壁画，其中有大量建筑图像；还有有丰富建筑图像的宋元人绘画，北宋张择端《清明上河图》和王希孟《千里江山图》是其中最主要的两幅，前者描绘了北宋都城汴梁的街道、铺面等建筑，后者是描绘数十处北宋村镇聚落的形象。这部分资料对较全面认识古建筑，给人们打开了眼界。

5. 考古发现与古建筑的复原工作。解放后大量的考古发现给古建筑研究提供了既系统又新颖的实物和形象资料。系统指从石器时代原始社会一直到明清，新颖指地面古建筑不太容易保存的原来的构件和装饰。地面保存的古建筑很难找到唐以前的，可以从考古发现中去补充；地面古建筑屡经翻修，屋顶部分早已迁换，内外的装饰也早已变样，这些都可以从考古发现中去了解。此外汉唐墓葬壁画中的建筑，宋元仿木结构的墓室本身就是古建筑或是它的图像。重要建筑遗址发掘清理之后，还有一个图纸复原的问题，这个新的古建筑复原工作，解放后作出了卓著的成绩。唐长安重要宫殿和城门的图纸复原就是很突出的例子。

6. 对照各种实物研究《营造法式》有了较大的突破。我国古建筑的研究一开始就有和文献结合的好传统，研究明以前的建筑，一直就依赖法式。最初看法式看懂的部分不多，实物发现越来越多逐渐懂的也多了。积累了已懂的个别部分多了，就要产生有系统的或是有一定规律性的认识，这样对法式的研究就有突破性的成果。重要突破性的成果在大木作部分即大型建筑物的梁架斗栱方面，这方面代表性的著作有梁思成的《营造法式注释》和陈明达的《〈营造法式〉及大木作研究》。后者虽然推测部分较多，但可给人启发，下面还要讲此书。

7. 对重要古建筑实物进行了设计分析并取得了成绩。建筑物本身反映的是工程技术，但也是造型艺术，是工程与艺术的结合。古建筑物当然也是古代工程与艺术结合的产物。在了解了他的工程技术的规律之后，进一步就要分析它的艺术造型了。分析艺术造型更可对工程技术的水平和规律有新的认识。应县木塔和蓟县独乐寺观音阁的立体造型分析是两个重要实例。这方面近年国家建委建筑科学研究院取得了较好成绩。

8. 中国古代建筑史的编写。中国古代建筑史的编写，从中国古建研究的开始阶段就有人着手了，20世纪二三十年代主要是外国人搞的，有日本人，有欧洲人，也有美国人，当然都是非常肤浅的，因为那时无论中外，对古建筑的了解都是很皮毛的。四十年代梁思成先生在美国讲学，他根据"营造学社"的资料写了一本新的中国建筑史，这本最初的建筑史，1984年由美国费正清夫人费慰梅整理出版。解放后，梁先生重新修改了讲学用的教材，五十年代初曾作为大学教材，印过一遍。此后在五十年代末，由国家建委建筑科学研究院组织人力在梁思成、刘敦桢两先生的主持下开始编写中国古代建筑史。该书集中了全国专家前后修改了八次，1965年完成了由刘敦桢先生主编的第六次稿本，这个稿本1980年出版了（刘敦桢主编《中国古代建筑史》，中国建筑工业出版社，1980年）。今天看来，这个本子虽然很多不够完善处，但毕竟是目前最好的一部全面有系统的中国古代建筑史了。这本书应该说是从营造学社发起调查研究我国古代建筑以来的一次全面总结，它包括了老一辈（梁思成、刘敦桢）、中间一辈（刘致平、赵正之、莫宗江、陈明达等）和新一代古建研究者三代人的长年劳绩，在一定程度上也可以说是我国古建筑学界的代表作，当然它也是世界研究中国古代建筑史的权威著作。大家应当仔细阅读一遍，但这书的古代建筑史是为搞建筑的同志写的，不是给学考古的人写的，对学考古的同志来讲，许多方面不大适用，但适用之处还是很多，看一遍扩大知识面也是很有意义的。

参考文献简介

前面讲的几部建筑史应是参考文献的第一类。第二类是建筑史以外的专刊、论文和其他专著。

1. 《营造学社汇刊》。一共印了 7 卷 23 期共 22 册。上述前期的工作，绝大部分的调查实测报告都发表在此。1～6 卷在北平印的，7 卷两册在后方印的。后方印的不好找，其中一篇重要报告——佛光寺的报告，解放后《文物参考资料》1953 年 5～6 期合刊转载了主要部分，还有一篇莫宗江的榆次雨华宫也很重要，以后未再转载，是很遗憾的，只有找后方印的看（整理者按：此文在清华大学建筑系编辑的《建筑史论文集》第 5 辑已转载）。梁思成、刘敦桢两先生的文章，现在都出了文集，文集易找，就不必看汇刊了。但梁刘之外，汇刊还有一些重要文章，如鲍鼎的《汉代建筑样式与装饰》、《唐宋塔的初步分析》；龙非了（龙庆忠）的《开封的铁塔》等。现在想着重也尽可能简练地讲讲梁、刘这两位中国古建筑研究奠基人的重要报告。

梁的重要报告：蓟县独乐寺的报告，是梁最早一篇古建报告，上面讲的佛光寺报告是梁最后一篇报告。这两篇可作他的代表作看，前者是开创时期的作品，后者是成熟时期的作品，看这两篇不仅因为内容重要，更重要的是从中我们可以了解古建筑研究的发展过程，可以由浅入深，也可以看到梁先生如何一步一步把实际和《法式》结合起来的，这是研究我们古建筑唯一正确的方法。

刘先生的文章，先是从古籍中蒐集汉六朝的宫室记录，然后兼搞古建调查的，前者有不少关于汉六朝宫室制度的研究论文，后者第一篇论文是北平智化寺调查，是调查明代建筑的一篇早期论文，接着与梁合著共同综合研究大同辽金建筑（《大同古建筑调查报告》，《汇刊》第 4 卷，3、4期），编写出最早的一篇不同时期古建筑的比较研究论文，为古建筑分期断代做出了贡献。刘先生从古籍中钩稽有关古建筑的资料，方法谨严，为后来做同类工作的人所取法。

梁刘两先生的论文，从 1982 年起结集付印，现各出了四册《梁思成文集》和《刘敦桢文集》，其中也有一些未发表的遗稿。

2. 《营造学社建筑图集》十集，把当时学社所收集的古建筑的图片分类编成的十册图录，主编是梁思成和刘致平。图集所收的实物，不少现已不存。

3. 《文物参考资料》（1959 年后更刊名为《文物》）和《文物》。解放后古建筑的文章和报告，大部分发表在这个刊物上，也有少数发表在《考古》、《文物资料丛刊》和《建筑学报》上。重要文章很多，但在方法上都没有超出梁刘的范围，所以不想一一介绍了，大家可根据以后讲的实例，自己去查找。这里只提几篇综合性的文字，希望大家抽空看看：

《中国古代建筑年代的鉴定》（《文物》1965 年 4、5 期）、《中国古代建筑的脊饰》（《文物》1978 年 3 期）、《中国早期木结构建筑的时代特征》（《文物》1983 年 4 期）这三篇是古建筑所祁英涛同志写的，后一篇只写到南北朝，插图多，容易看懂。

《中国封建社会木结构建筑技术的发展》，陈明达（《建筑历史研究》第一辑，1982 年），也写到南北朝时期。

《麦积山石窟中反映的北朝建筑》，傅熹年（《文物资料丛刊》4）、《四川唐代摩崖中反映的建筑形式》，辜其一（《文物》1961 年 11 期）。这是两篇根据图像资料（雕刻、绘画）综合论述北朝和唐代建筑的文章，可以作为从实物以外如何蒐集古建形象资料的实例。

《麟德殿复原的初步研究》（《考古》1963 年 7 期）、《唐长安明德门原状的探讨》，傅熹年（《考古》1977 年 6 期），这是两篇复原遗址的范文。

此外还有几篇概论性的文章，一篇是梁先生 1952 年给第一届考古培训班上课的讲稿：《古建绪论》（《文物参考资料》1953 年 3 期）；一篇是陈明达的《古代建筑史研究的基础和发展》（《文物》1981 年 5 期），这篇讲了一些古建工作的过去和存在的问题，也值得参考。

4. 重要专著：刘致平的《中国建筑类型与结构》（1957 年），这是一部建筑方面较通俗也较全面的专著，不是以时代分段落，是以建筑形式的类型来分章节的。刘敦桢的《中国住宅概说》，这是古建的一类作专题研究的。陈明达的《应县木塔》（1965 年），这是对一个建筑物作专门分析研究的。陈的另一本专著《大木作研究》，比较专门，可以稍晚些再看。

中国科学院自然科学史研究所组织编写的《中国古代建筑技术史》，这是最近由科学出版社在香港印刷出版的（1985 年），这本书是着眼于建筑技术的发展，与上面的建筑史在体例上不同。但对我们来讲，比建筑史更有用些，特别是其中的木结构、砖结构、石结构技术三部分，几乎把我们要讲的重要实例，都包括了进去，希望大家仔细看看。此书还有一个特点，它尽量包括新资料，对一些新资料的解释可能和我们不同，但对大家扩大知识面，启发大家多方面思考问题是有好处的。此书的其它部分，如建筑材料的加工和建筑装饰的发展等也都有参考价值。还有图版多，文图并茂，阅读起来比较有兴趣。不过许多线图毛病不少，阅读时要注意。

5. 古建筑专书：有二部，一是《营造法式》，可参看梁先生的译注，译注只是法式的一部分，大部分梁先生未涉及，因而也还需要看原书。二是清代的工部《工程做法》，可先看梁先生的《清式营造则例》。

研究史和参考文献这两节，比原计划讲的多了。目的是为了方便大家以后自学。

第二章　商以前和商周建筑

商以前建筑的一般情况

我们要讲的建筑，是指建筑于地面上的建筑。石器时代半窖穴式的建筑，一般的我们就不涉及了。最早的地面建筑的遗迹，应当比我们现在知道的距今约五千年前仰韶文化晚期的遗迹还要早些，因为这时的遗迹有的已经很具规模了。我们知道最早的遗迹是 1986 年发表的甘肃秦安大地湾 F901（《文物》1986 年 2 期），这是一处成组的建筑物，就现存遗迹看，它至少要包括主室、后室、左右侧室（彩版四：1）。粗略算了一下，主室的面积有 130 平方米，如把后、左右的遗迹都算进去，至少超过三百平方米。这样规模的建筑物，出现在约五千年前的原始社会晚期（测年：F901 距今 4740±100—4520±100 年），是很值得注意的。现在我们就建筑的构造来分析墙和柱的情况。墙的构造：墙基好像没有特别加工，其上就在黄土地面上一层草泥、一层用竹或树枝编好的篱笆叠落起来成为墙，墙内树植小柱以为木骨，墙内的小柱早已不存，只存柱洞，柱洞内径一般在 5～15 厘米之间，可知其中最粗的和今天的椽子差不多。小柱的间距在 20～30 厘米之间。这种墙内的小柱，从柱洞的遗迹看，知道它原来栽在居住面以下很深，深的可达 116 厘米。这种柱子既可作为墙内的木骨，也有帮助墙起承托上部的重量的作用。主要起承重作用的是附墙柱和明柱，前者一半砌在墙内，后者完全依在墙外。附墙柱外层包有泥层，柱洞内径 22～32 厘米，底距居住面 23 厘米，这种柱比上述的墙内小柱要粗，但埋入地下的深度较墙内小柱浅，这种柱值得注意的是使用了柱础石，如果减去柱础石的高度，恐怕只有10个厘米左右了。使用柱础石是个不小的进步，柱础在结构上可加大柱脚承压面，减少压应力，在构造上还起到隔潮的作用。明柱情况与附墙柱相似。如果可以用附墙柱、明柱分间的话，每间的宽度不超过2米。

主室内近后墙处发现两个大明柱柱洞，从遗迹看，这两个大明柱柱洞径约90厘米，其中有一个大洞和三个小洞，以西侧柱洞为例，大洞内径50、西小洞内径15~17、南小洞12~20、东小洞10厘米，洞外皆包泥层，小洞深10~20厘米，大洞深32厘米，大洞底置青石柱础。以上迹象，说明原在这两个大明柱洞内，各树一直径约在50厘米的粗柱子，辅助这个粗柱的还有三个较细的柱子。这两个大明柱，柱距8.2米，如果它上承脊槫（栋）就太长了，它和屋顶的关系还不清楚。前后柱距离太远，柱洞也不在一直线上，所以，不像有梁的构件，即四周柱子之间只能出现横的联系。尽管如此，能够使用这么多的大直径的附墙柱和明柱甚至大明柱就很不简单了。此外，室内地面的制造也很精致：在压平的黄土地基上敷厚10~15厘米的草泥烧土块一层，其上又敷厚15~20厘米的小石子和用料礓石烧制的小块一层，再上是压磨坚硬平直的表层，这样的地面，据检测它抗压的强度极似现在的水泥地面。这样精工的地面的出现，是人们所意想不到的。

总之，秦安大地湾F901遗迹的发现，使我们对我国原始社会晚期生产力的发展和它所达到的水平有了新的认识。此外，和秦安大地湾遗迹时间差不多的西安半坡T21a第三号柱洞柱础石下方还发现了夯实的遗迹。这种情况也发现在陕西庙底沟下层仰韶文化中，这应是夯土技术的开始。

南方地区值得重视的是浙江余姚河姆渡发现的干栏式上下二层的建筑遗迹。南方潮湿，发展了这种建筑。这种建筑，栽柱更要立在柱洞内，柱洞底有的夯实，有的置木板作础，一般柱径不超过20厘米。建筑构件最宽的尺寸多在25厘米左右。这里发展了榫卯作法，它可以使木构架比捆扎更牢固得多。榫卯工艺可能是南方的发明，后来传到了中原（图2-1）。

中国古代建筑

1985.2

《中国古代建筑》讲稿手稿第1页

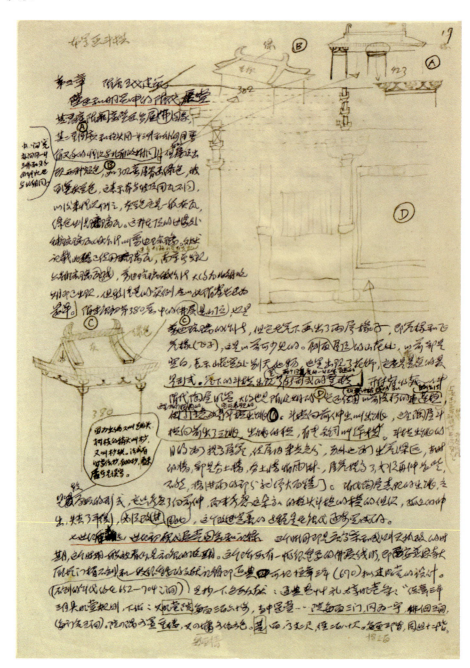

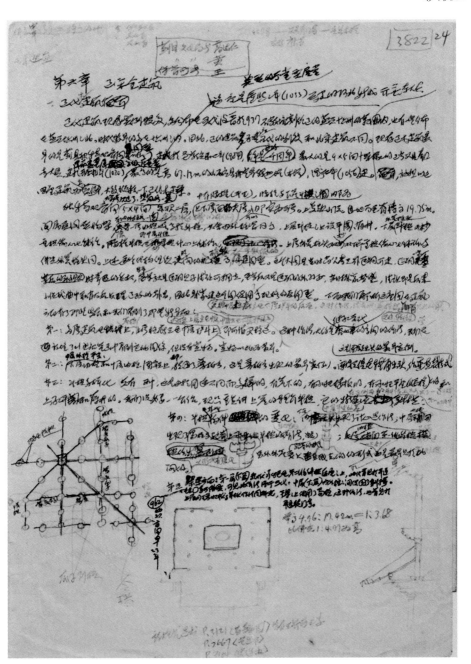

《中国古代建筑》讲稿手稿第24页

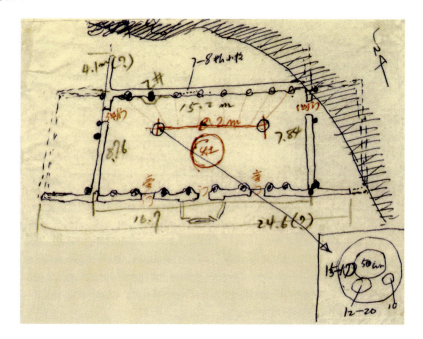

1. 甘肃秦安大地湾F901平面

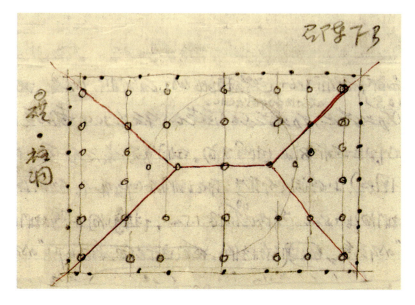

2. 陕西扶风召陈西周晚期F3平面

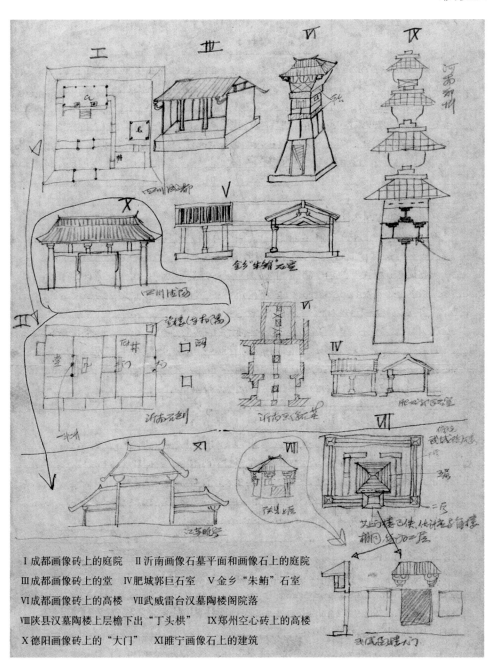

I 成都画像砖上的庭院　II 沂南画像石墓平面和画像石上的庭院

III 成都画像砖上的堂　IV 肥城郭巨石室　V 金乡"朱鲔"石室

VI 成都画像砖上的高楼　VII 武威雷台汉墓陶楼阁院落

VIII 陕县汉墓陶楼上层檐下出"丁头栱"　IX 郑州空心砖上的高楼

X 德阳画像砖上的"大门"　XI 睢宁画像石上的建筑

东汉庭院布局和个体建筑的发展（I～XI）

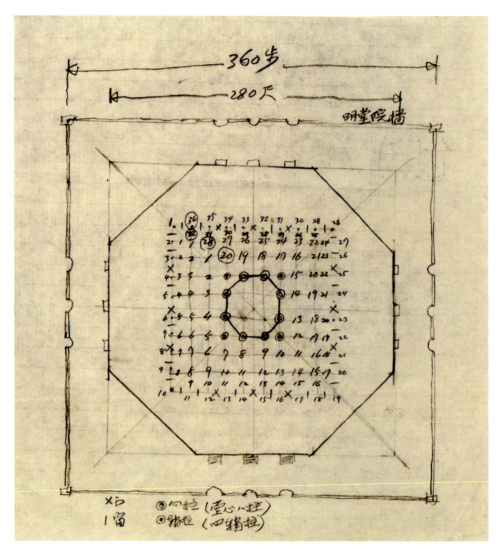

《通典》所记唐总章三年（670年）所拟明堂平面

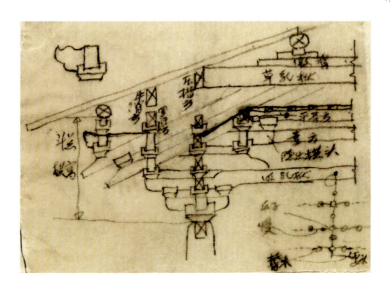

1.山西五台唐佛光寺大殿柱头铺作

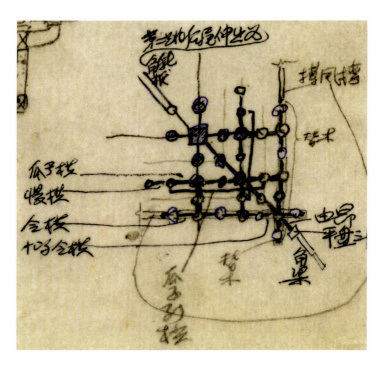

2.山西五台唐佛光寺大殿转角铺作仰视平面

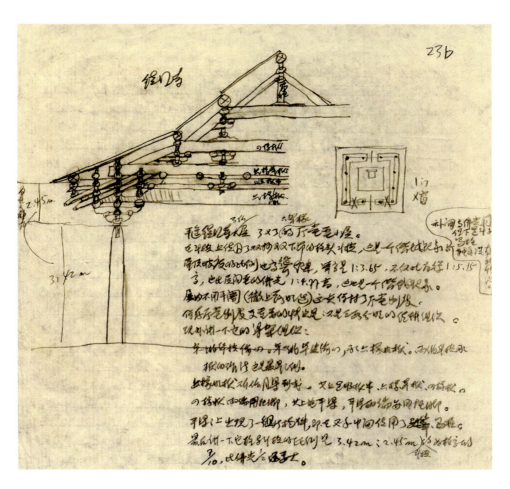

山西平遥五代镇国寺万佛殿平面和梁架

以上建筑遗迹，给我们提供了商以前原始社会晚期的建筑情况。现在总结一下：

1. 原始时期晚期我国不仅有了地面建筑，而且出现了规模较大的地面建筑。

2. 地面建筑用木柱承重，墙还没有使用夯筑，所以它有时只起些辅助作用。木柱有墙内小柱、附墙柱、明柱和室内大明柱。墙内小柱直径在 15 厘米以下，附墙柱明柱在 20 厘米以上至 30 厘米左右，室内大明柱直径粗可达 50 厘米左右。南方干阑建筑的柱子直径，在上述墙内小柱和附墙柱明柱两种柱子之间。

3. 柱下使用了础，这对柱子的稳定、耐用起了很大作用。

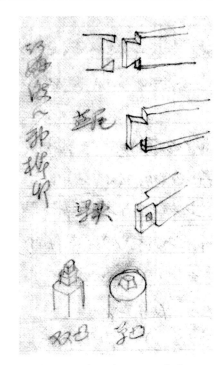

图 2-1　浙江余姚河姆渡遗址
出土的几种榫卯

4. 南方木构件的联接使用了榫卯，使构架更加牢固了。

5. 出现了初期的夯土技术，这对整个建筑的安稳又多了一层保障。上述这些情况给以后地面建筑的发展，创造了良好的条件。

河南偃师二里头遗迹

二里头遗迹的年代是公元前 1900～前 1600 年（即公元前 20 世纪～前 17 世纪），比上述的各遗迹晚得很多，晚了 1000 到 2000 年。它们之间，迄今还没有发现适宜的实例。在社会发展阶段上，上述诸遗迹是原始社会晚期的，二里头遗迹已是阶级社会王室的殿堂，这个殿堂遗迹是夏、抑或是先商，可置勿论，但它无疑的可作为阶级社会早期的建筑实例（《考古》

1983 年 3 期)。

这处遗迹，现在在遗址中部偏北发现两座殿堂院。一号殿堂院位于西南，二号位于东北，两者相距约 150 米。二号院比一号院保存完整（图 2－2），其基址东西约 58 米，南北约 73 米，普遍施夯。大面积施夯应是比原始社会晚期建筑前进的标志之一。东、西、南三面置庑（《说文》："庑，堂下周屋也"），北面只有部分短庑。南庑中部存有墙基槽，内外各列柱洞，知有里外庑。南庑偏东有三开间门址。庑内庭院正中靠北有堂址。现重点讲堂址。长方形，下建夯土台基，台基东西长约 32.7 米，南北长约 12.5 米。台基之上四周有一匝径 20 余厘米的柱洞，柱洞的做法，先挖一直径较大的柱坑，在坑底置一石础，柱立础上，然后周施夯，把柱坑夯实，柱子朽坏了之后，遂留下柱洞，比原始社会晚期的柱四周不施夯的做法坚固多了。柱洞的间距在 3.5～3.8 米左右，也比原始社会晚期间距只达 2 米宽得多了。根据柱洞的排列可知面阔 9 间，进深 3 间。一匝柱洞的内侧约 2 米处有一匝长方形的墙基槽，东西长约 26.5 米，南北约 7.1 米。墙基槽范围内有两道隔墙，分成三室。墙基槽内有较密的柱洞，径在 18～20 厘米之间，这是墙内小柱的遗迹。墙基槽内的柱洞几乎都不与外匝柱洞在一直线上，因此可以推测：

1. 墙基槽内的柱子与外匝的柱子无联系；

2. 原来的墙主要是承载上面屋顶的重量；这样承重的墙只能是夯筑，也较原始社会晚期大大进步了；

3. 外匝柱洞横向成列，说明柱上只有横的联系，即有类乎后来的枋也叫楣的构件，而没有纵的较长的梁的结构。

外匝这圈柱子，是承托屋檐的，也可能是承托重檐的，一号殿堂院（图 2－3）的堂址上面外匝这圈柱洞略前一点，还有一圈小柱洞，它的直径和这里墙基槽内的小柱洞相同，也是 18～20 厘米之间，柱洞间距 3.8 米，小柱洞间距 1.5 米。这样布局的大小两匝柱洞，有人推测这座殿堂有可能是重檐建筑，小柱洞中的柱子是承托下层檐的（也许是三重），有人

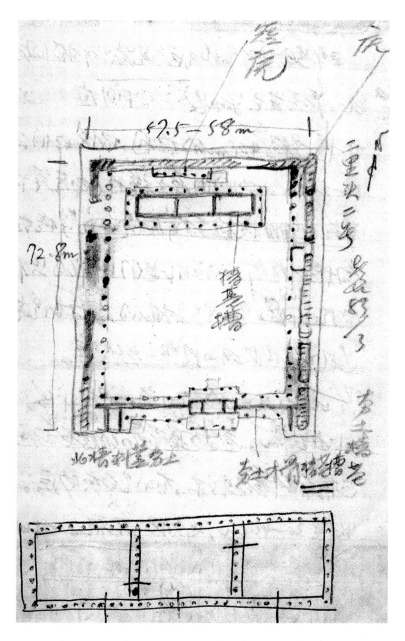

图2-2　河南偃师二里头二号殿堂院和二号殿堂平面

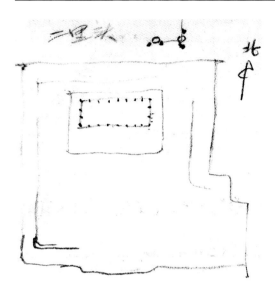

图 2－3　偃师二里头一号殿堂院平面

称它作"擎檐柱"（《考古》1974 年 4 期）。

比二里头晚的郑州商城东北部发现多处和二里头类似的建筑遗址（《文物》1977 年 1 期），也是建筑在夯土台基址上，最长的一处长达 60 余米。郑州这处堂遗址的基址工程值得注意的有，最下面版筑（夯窝口径1～2，深 1 厘米）层之上还垫了十多层硬土，硬土层中有的还掺有料礓石粉末，有的是白灰沙层。最上层地面多掺料礓石粉末。柱子还是立在柱洞中，洞底多有料礓石砸成的礤墩作为柱础，其径 30～40 厘米，也出现了较小的石础。郑州商代堂遗址反映的情况比二里头又前进了。

商代单向列柱的木结构

上面讲过二里头遗址的堂址是单向列柱，其实它也是商代和商以前流行的作法。实例如湖北黄陂盘龙城东北隅的堂遗址（图 2－4，《文物》1976 年 2 期、1981 年 3 期）。它的时间和郑州商城接近。F1 的情况是：也是建于台基之上，台基四周设有贴嵌陶片的斜坡散水，遗址东西近 40 米（39.8），南北 12.3 米。遗址外围有 43 个柱洞，东西各 5，南面 20，北面 17（南北包括重复的四个）。柱洞底径 25 厘米左右，底置大石础。在这圈柱洞中央，用夯土墙围起来内隔成四间的长方形范围，夯土墙内每隔 70～80 厘米有一径约 20 厘米的小柱洞。看来，内部这匝夯土墙与二里头二号院相同，都是起承重作用的。这座堂原来是单向列柱的作法也是很清楚

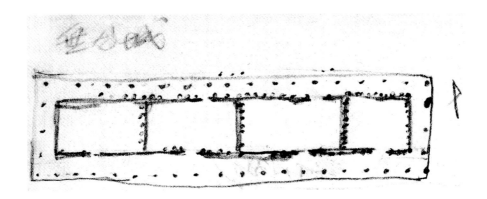

图 2-4　湖北黄陂盘龙城遗址东北隅堂址 F1 平面

的。盘龙城的堂址保存较好的情况，不仅是 F1，在 F1 之前还保存二座类似的遗址，它们都在一条南北轴线上，这种成组的殿堂布局，要比二里头单单一座堂的布局要复杂多了。

商代晚期，安阳小屯商代宫殿区的许多遗址，也是单向列柱的做法，只是外围一周的柱洞成行，内部柱洞无次序可循。安阳殷墟毕竟时间又晚了，它有许多情况不见于郑州商城和盘龙城，如小屯乙 11 殿堂址有台阶（踏步）的设备，还有很多殿堂址边缘处有很密的小柱洞，石璋如怀疑它是原设有栏杆的遗迹等。更重要的是，殷墟还出现了一些废掉柱洞的做法，即柱础安置在地面上，有的础石面上还饰有铜质的柱櫍。柱础置于地面上和铜櫍的出现说明这类建筑用柱多了，用夯土墙承重的情况少了。这个现象很重要，是一个进步。值得注意的是，乙 8 堂址南北列 12 间庑，前有廊，并有东西延续的基址，这座堂址很有些像岐山凤雏西周建筑群遗址的一部分（图 2-5），它的规模似乎比凤雏西周建筑群还大。

陕西岐山扶风发现的西周遗迹

岐山凤雏发现的建筑群遗址时代是西周早期。扶风召陈的下层遗址是西周早期，上层是西周中期。先讲岐山凤雏：

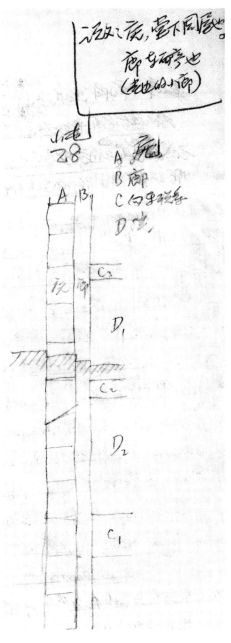

图2-5　河南安阳小屯乙8平面

岐山凤雏建筑群它的时间紧接殷墟之后，如果上面推测小屯乙8殿堂址与此类似不错的话，它要比凤雏建筑群大。当时经济文化商高于西周初，因此安阳遗迹比岐山大，就不奇怪了。遗憾的是安阳堂址只剩了西边，中间和东部的细情，已无法知道。岐山凤雏建筑群的出现，从安阳资料看，并不值得惊异，但它给我们提供较完整的的平面布局，却是非常可贵的。这里不想讨论它的性质是宗庙还是贵族住宅，我们从平面布局看，它是一个封闭式的类似四合院布局，这种完整的类似四合院的布局，凤雏是最早的一例，当然，小屯乙8也许是相同的布局，但现在已残缺难以复原了。凤雏这座四合院的面积45.2×32.5米（图2-6），其中最主要的建筑是正中高起0.3～0.4米的堂，堂的台基四周有面涂三合土的斜坡散水，根据直径30～50厘米的柱洞和残存的柱础，知道是一座前后有廊的（19.5×6米）6×3间的建筑，柱的最大间距是3米，仔细观察它

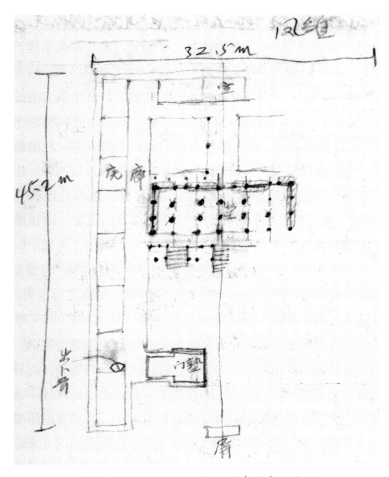

图 2－6 陕西岐山凤雏西周建筑遗址平面

的柱网排列，纵向仍未成列，因此可知内外柱之间并不能有"梁"这样的联络构件，因而在结构上基本上还与以前的二里头、盘龙城做法相同。尽管如此，从整个凤雏建筑群来讲，它比盘龙城复杂多了。傅熹年同志复原这组建筑群时，考虑四周屋顶勾连在一起（《文物》1981 年 1 期），中央的堂与后面的室有穿廊，堂前檐三重，后面重檐，和堂前设三阶等，这些在盘龙城都是没有的。遗址出有少量瓦和瓦钉。瓦有大小。这是现知最早的瓦。量少，只能用于部分屋顶，屋顶主要还是草，所谓"茅茨"（《释名》：

"屋以艸盖曰茨")。

扶风召陈建筑遗址，已发掘的殿堂址十四处，虽然距离不远，但有早有晚。早的二处，属西周早期，晚的十二处是西周中期以后。后者虽有十二处，但布局不清楚，所以只能都看作是个体建筑。其中最大的是西周晚期的 F3（彩版四：2）（《文物》1981 年 3 期）。夯土台基东西 24 米，南北 15 米，残高 20 厘米左右。其上的堂面阔六间，进深五间，柱的最大间距是 5.6 米。根据柱网分析，与凤雏的堂相同，也是内外柱网各一匝，内外柱纵向虽然有的成行，但并不完全成列，因此可以推知它还没有成熟的"梁"的构件。从柱网上我们可知正中三柱上承脊的重量，屋顶形式是四注式的。有的同志从中间有一匝可以联成圆形柱础布局，考虑中间可能有个圆顶（《文物》1981 年 3 期）。这座建筑有一匝擎檐柱洞，可知是重檐式的。这座建筑柱础是用卵石和土分层夯实的磉墩，磉墩直径很大，有 1.1 米，深 2.4 米左右，磉墩上还留存柱坑的痕迹，柱坑径在 50～70 厘米之间，出土的瓦已有明显的板瓦、筒瓦之分，瓦钉也比凤雏为复杂，出现了半瓦当。内外柱纵向成列较多，大磉墩、柱径大、瓦的繁杂，此外在同时其他堂址还发现用卵石铺的散水，这种散水一直到使用砖才废，这些都说明召陈西周中期以后的建筑比西周早期又有了进步。最后我们还要考虑一个新问题，召陈堂 F3，柱径 50～70 厘米，明间柱距宽达 5.6 米，柱间横的联络构件枋（楣）的径，估计也应在 50 厘米左右，这样粗的柱、楣不可能再用绑扎的方式结合在一起了，很早就在南方出现的榫卯技法，应当被使用了。像 F3 这样使用了较大尺寸的木料，使用榫卯，在榫卯的接合处就不易取平，因而就需要垫托来取平，这个垫托即是后来的斗的前身。

令簋的足饰

早在 1929 年，洛阳北邙发现了一件西周成王—昭王时期的铜器令簋（图 2－7），簋下部有一个方座，座下承以四足，足作方形矮柱，柱头置栌斗（《释名》："卢（栌）在柱端，都卢负屋之重也"），斗敲有颐的情况很

清楚，两斗之间置联络构件——枋（楣），其
上又铸出三个方形块，类似散斗。这虽然是
铜器上的附件，但可以估计它是仿自木构建
筑。因而推测召陈 F3 有可能使用了斗，也并
不是不可能的。大家注意这时的斗还没有斫
出凹下的斗口，即斗的上方是平板一块。

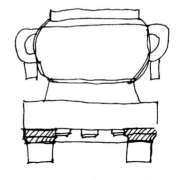

陕西凤翔发现的春秋秦的遗迹

图 2-7　令簋的足饰

陕西凤翔马家庄发掘的春秋中期秦的建
筑群（《文物》1985 年 2 期），它的位置处于秦都雍城遗址中部高起的台地
上，遗址东西长 160 多米，南北宽 90 多米。遗址有两处建筑群，发表的是
一号建筑群（图 2-8），建筑群范围普遍施夯，建筑群围绕东西约 87 米，
南北约 76.5 米，厚两米左右的夯土围墙，没有庑廊，与安阳、岐山、凤
雏不同；围墙内的个体建筑物先筑上小底大的夯土台基，南面正中有门
塾，门塾只存北半，其布局也与岐山凤雏门塾不同，左右门塾之间的门道
排列有柱洞，左右门塾的外围也有一匝柱洞，看来门塾和门道的做法也与
岐山凤雏不同，其内部的墙基，原是承重墙的残迹，其外匝的柱洞，应是
支撑廊檐的柱子的遗迹，其外观应是重檐的建筑物；台基外还有一匝卵石
斜铺的散水，与扶风召陈西周中期以后的一些建筑遗址相同。门塾之内在
东、西、北三面各布置一座大小略似的堂，以北面的主堂为例，为东西宽
的长方形平面（24.5×20 米），内用夯土墙基围起的部分，20.5×15 米，
南面正中有两个夯土台，复原宽度为 1.2 米见方，从其位置推测，是正面
中心两柱的基础。正面中心二柱曰楹柱，这是现知最早的双楹的遗迹（突
出中间两柱的双楹作法，最晚使用到六朝）。两夯土台之后用夯土墙分截
成较复杂的平面，发掘者名之曰前朝、后寝与东西夹室和北三室。命名对
不对，我们不必讨论，我们只注意这匝及其内部的夯土墙都应当是承重墙
就可以了，这与岐山凤雏、扶风召陈遗址多用柱子的做法不同。这种大部

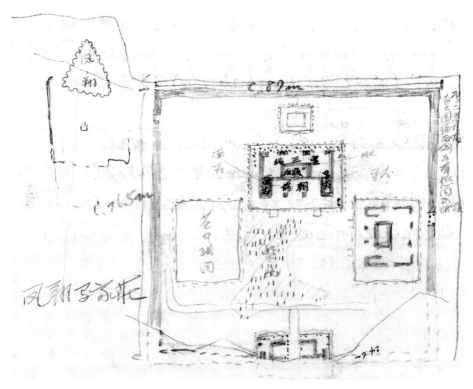

图 2-8　陕西凤翔马家庄春秋秦一号建筑群遗址平面

分用墙承重却是自古以来的传统做法。这匝夯土墙围墙外面四周从北面遗迹看，绕有两匝柱洞，大约是支撑屋檐的柱子的遗迹，其外观可能是重檐乃至三檐的形式。台基南面有碎石片铺砌的二处台阶，与岐山凤雏三阶不同，它叫左右阶，是现知左右阶制度的最早实例（左右阶制一直延续到唐宋）。堂台基的外围，有一匝斜铺的卵石散水与门塾的做法相同。东堂、西堂的情况与主堂略同。围墙和各个建筑附近都发现有板瓦筒瓦，知道顶部都覆盖了瓦。值得注意的还有门堂之间的中庭（院子）发现有成行排列的埋人和牲畜的葬坑，内埋牛、羊、人等个体，也有牛羊、人羊共葬的；入葬的人牲有的发现了完整的骨骼，也有的发现的是部分骨骼。根据一号建筑群发现的个体建筑物的情况和大批埋人和牲畜葬坑的情况，发掘者推测是后来祭祀时埋入的，因此估计这是一处诸侯的宗庙。

这处建筑遗迹和上距他最近的岐山凤雏、扶风召陈两遗址可以比较处，上面已附带说过了，现在总括一下：

建筑群的范围：岐山凤雏 45.2×32.5 米。凤翔 76.5×87 米。凤翔比岐山大，但岐山南北长，凤翔东西长。扶风召陈只有个体建筑。

在整体建筑方面：岐山外围有庑廊，凤翔只周饶围墙；内院主要建筑物岐山只一堂，凤翔院内有正、东、西三堂，还出现了双楹、左右阶之制。

在建筑技术方面：岐山个体建筑物虽有夯土墙，但多用柱。凤翔多建夯土墙，并主要以夯土墙承重，与岐山大量用柱不同，这一点似乎反映凤翔在建筑技术上多使用落后的旧传统；它用柱的情况，显然仍沿用单向列柱的作法，即没有梁的结构；据可靠的柱的间距都在 2 米以内，少数超过 2 米，距离最宽的双楹，其中距也不过 3.5 米左右，因此可知，其柱间的横的联络构件（楣或枋）远小于扶风召陈 F3 的 5.6 米，因此可以估计就建筑技术看，它比岐山凤雏和扶风召陈为落后；个体建筑物用绕廊也是较早的作法；使用了卵石散水与扶风召陈情况相同；岐山仅使用了少量的瓦，召陈出现了板瓦、筒瓦和半瓦当，凤翔瓦似乎更使用到围墙上。

凤翔这个发现很重要，它弥补了西周—战国之间的缺环，有些比西周发展了，可以和后来的战国、汉相联系，如双楹、东西阶和围墙顶布瓦等。但还存在许多比西周落后的地方，主要是用柱少，这可能是地方因素（秦较关东为落后），不足以代表春秋建筑的缘故。希望大家再详细研究研究这处材料（《文物》1985 年 2 期）。

第三章　战国两汉建筑

台榭建筑

台上建屋曰榭。现一般叫做高台建筑。台榭建筑春秋时即已流行，但遗迹和图像资料现知最早的是战国。

战国遗址保存较好的是咸阳市东窑店大队发现的战国时秦的殿堂群遗址（《文物》1976 年 11 期）。遗址未发掘前，很像一座大冢，东西长 60、宽 45、高 6 米（图 3-1）。清除表土和扰层，露出建筑地基。地基分上中下三层。上中两层地基已残，中层外部实际是砌出下层建筑实体部分；下层主要是地基和散水，保存比较好一点，也不甚完整。上层主要保存了大约是堂的部分，堂的方向偏东（秦俑坑和始皇陵皆东向），面阔约 12 米，进深约 13 米（5×5 间），据现存柱洞情况，知周绕立柱一匝，后壁夯土墙内的圆柱径约 24 厘米，柱距在 1.7～2.6 米之间；堂正中一柱，叫都柱，其径 64 厘米，柱洞底置形状不规则的石础，柱立础上；柱网布局说明仍是单向列柱，正中的都柱很粗，有可能荷更上一层楼层的重量。中层地面比上层地面低 4 米，主要保存了左右两列庑址，庑内部分保存了铺地方砖，这是现知最早的铺地砖。下层周绕庑廊，庑廊地面比中层地面低 1 米，有的地方也保存了铺地砖，后庑廊还保存了用空心砖铺嵌的踏步，这是现知最早的空心砖。庑廊外有一匝卵石散水。这座台榭建筑的布局，与凤翔春秋遗址不同，但可以和岐山凤雏遗址平面比较，这里分层布局，比岐山气势雄伟。台榭建筑尽管它高低错落，外观像楼阁，但它并不全是楼阁结构，上层有都柱，可能是两层建筑，中下两层都是一层建筑，因此台

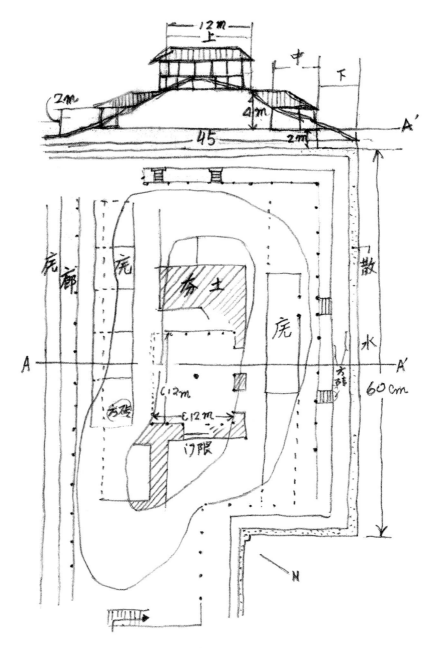

图 3-1　陕西咸阳秦一号宫殿遗址平面和剖面

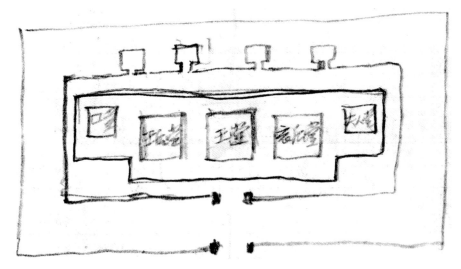

图 3-2 河北平山中山王墓发现的兆域图

榭建筑和后来的楼阁不同。

战国另外两处台榭遗迹是辉县赵固魏国大墓（《辉县发掘报告》）和平山中山王墓上的享堂遗址（《文物》1979 年 1 期）。赵固魏墓中出土雕有台榭建筑图像的铜鉴。两处遗址和较完整的图像结合起来，使我们可以看到当时技术水平最高的建筑形象。

墓上建享堂，殷墟已发现了，妇好墓即是一例。战国仍沿此制。中山王墓上发现享堂遗址，墓内又出土了一件错金银"兆域图"铜板，该图实际是中山王墓园的平面示意图，它绘出了各建筑物的平面，并注明了名称和尺寸，还记录了王令（图 3-2）。此图与遗址对照，既可以了解整个墓园的布局，又可以了解其中最主要的建筑——中山王享堂（"王堂"）的一些具体情况（《文物》1979 年 1 期）。墓园有二匝围墙，内匝围墙内建一大夯土台，台上并列五座享堂，一列享堂之后还有四组并列的庭院，分别标明是××宫。五座享堂正中的一座是中山王的享堂。中山王享堂有内外基台（图 3-3），建筑遗址现只存内基台上的最下层廊遗迹，廊建在高出卵石散水地面 1.3 米的夯土内台基上，此基台每面长约 52 米多，廊每间面

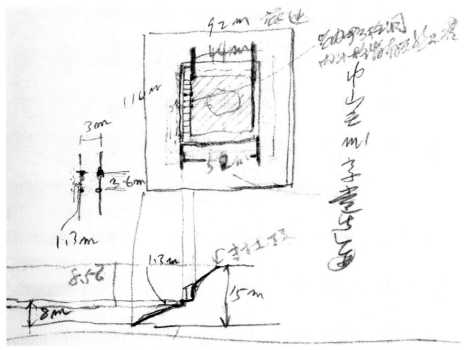

图 3-3　平山中山王墓 M1 享堂（王堂）遗迹平面

阔 3.34～3.6 米，进深皆 3 米，外距台基边 1.3 米，背靠上层台壁，前后柱相对，这个现象很重要，它与从前一直到差不多同时的咸阳遗址前后柱不相对不同。前后柱相对，说明它已不仅是单向列柱在柱上置楣（枋）了，而且可以在前后柱上架"梁"了。这个遗迹明确地告诉我们单向列柱的古老建筑技术开始有了变化。廊台基和其外的散水上堆积瓦片，有的地方堆积成鱼鳞叠压状，证明廊为瓦顶。廊背靠上层台壁，亦即廊后壁是中心夯土台壁，此夯土台方形，每面宽 44 米，从回廊地面上距现存的封土顶高 7 米。原高不详，其上的夯土台上建筑遗迹已被破坏。

　　讲点题外话。这座墓内出了一件四龙四凤铜方案（图 3-4），案的四角用一斗二升式的抹角斗栱承托，这种构件应是仿自木建筑，因此可以估计享堂的某些转角部分可能使用了它。战国出现了这么复杂的斗栱，是以

图3-4 平山中山王墓发现四角铸出
抹角斗栱的铜方案

前所未料到的。还有未想到的是，河北平山战国中晚期中山国都城（灵寿城）遗址内发现了一批实用的陶斗。我们前面讲了两种斗，一是令簋的斗是平托式的，即俯视斗面是一个平面，二是上面讲方案上的斗，平面出现了一个横槽，说明斗上的横材是置于槽内。此处发现的陶斗多样化了，有平托式的，有丁字槽，还有十字槽。丁字槽的还不清楚其用途，十字槽则说明斗上有十字相交的构件了。十字相交向前向后的构件，应是"出跳"的做法。战国出现了出跳斗栱是以前所不清楚的。这一新资料发表在《文物》1989年11期（图3-5）。

前面说除秦遗迹外，还讲两处中原的战国台榭，中山王讲过了，现在讲另一处，即辉县赵固魏国大墓。三墓并列于一个墓园之内，三墓顶上的享堂遗迹也是周围绕廊，廊以上也遭破坏，但墓中所出的铜鉴上的台榭建筑图像，却值得我们注意（图3-6）。下层中心是夯土台，夯土台四周绕以廊，中层正中立都柱，都柱两侧各有辅柱承托上层，中心部分四周亦绕以廊。上层中心应是堂，四周亦设廊，堂与廊檐形成重檐。脊上方设有叉形

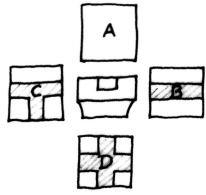

图3-5 平山战国中晚期中山
国灵寿城遗址发现的陶斗
四种俯视平面
A. 平托式　B. 横槽
C. 丁字槽　D. 十字槽

脊饰。上中层檐刻出筒瓦和板瓦的图像。三层柱上都置栌斗（大斗）。魏位于中原地区，是当时文化水平最高的所在，这个台榭图像，比咸阳秦的殿堂进步多了，也可能比中山王墓享堂进步，可以看作战国建筑的代表作品的图像。原台榭中间的夯土台降低了，逐渐向楼阁建筑发展了，但还没有成

图 3-6　河南辉县赵固魏国大墓铜鉴上的台榭建筑

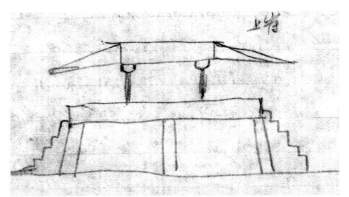

图 3-7　上海博物馆藏战国燕乐纹椭栖上的台榭建筑

为真正的楼阁，上下层柱没有联系，即上层柱没有立在下层柱上的方位，说明这样的楼阁在结构上尚待改进。上海博物馆藏一件战国铜杯（栖），杯面刻划一座高层建筑，比较清楚的表现了下层是台子，显然这种建筑还是像咸阳秦殿堂遗址所反映的那样是一层建筑（图 3-7）。

　　台榭建筑的特点，是把夯土台组织到建筑之中，中下层建筑往往依靠夯土台的切断面而兴建。这种建筑西汉时还很流行，西安汉城内西汉宫殿区往往有高台，如汉初未央宫。西汉长安城南郊有十多个所谓礼制性建筑，中央都还保有一个方形夯土台，其中有的是王莽时期的建筑，可见西汉末

年这类建筑还沿用台榭建筑的遗制。可是西汉的台榭建筑，利用夯土台的面积缩小了，兴建的建筑物依靠夯土台的情况减少了，这些都是台榭建筑末期的情况。长安南郊礼制性建筑，有的做出了初步的复原，我们不讲了，有兴趣的可参看《考古》1960 年 7 期和《考古》1963 年 9 期（前者是报告，后者是复原文字）。

东汉庭院布局和个体建筑物的发展

从现存东汉石室、仿地上建筑的墓葬以及各种图像资料看，东汉时期是我国建筑大发展的阶段之一。在这个大发展的阶段里，我们看到二重庭院的宅第布局、逐步成熟的梁架结构、楼阁建筑的兴起和多种形式的斗栱的出现，这些新情况，不仅见于个别地点，而是西至四川、东迄山东江浙较普遍的发现。下面依次讲这四点：

二重庭院的布局　较清楚的有两例，一是四川成都画像砖（彩版五：Ⅰ），宅第周绕围墙，分左右两院。左院是主要院落，前设大门，内为前院，后设二门，二门内为主要建筑物——堂，堂前设踏步。右院也分前后院，前院有井，当是厨之所在，古人说："东厨"，这院落如南向，厨正在东侧；后院有高楼。另一个是山东沂南画像石中的宅第（彩版五：Ⅱ），也是封闭式的前后两院，大门之内为前院，院东侧有井，过二门为后院，后院主要建筑物也是堂，二门和堂前设踏步。堂后有小室，可能是厕。前院东南隅廊屋之上立望楼，它的作用和四川成都砖中右院的高楼相当，看来它们应是防御了望的所在。大门外有双阙。

个体建筑物的梁架结构　上述四川成都画像砖中的堂（彩版五：Ⅲ），面阔三间，进深两间，悬山顶，正面突出当中两檐柱（楹柱），柱下置平的露明的柱础。山间可以看到联结前后柱的梁，还可以看到梁上置前后蜀柱，上承平梁，平梁以上应有叉手（梧），上撑脊槫，但砖上未画出来，大约是被前后檐挡住了。这个问题下面再讲。至于两楹柱与后檐柱之间有没有梁，不清楚。这问题留待下面讲。堂前两角檐柱上部出丁头栱承前檐，是新出现的作法。楹柱后面的结构，山东有两座石室可以参考。一是肥城郭巨祠石室（彩版五：Ⅳ），础作覆斗状，正中檐柱上的栌斗上承檐枋，后架三角石，三角石的另一端架在负重的后墙上，这个三角石，实际是梁和叉手的联合体。这在较晚的一座石室中可以清楚地看到。这座较晚的石室位于山东金乡，相传是东汉初（建武二十六年，公元 50 年）朱鲔的石室（彩版五：Ⅴ），不对。因为石室后面的墓葬是东汉晚期的，所以这个石室也是东汉晚期的，该室正中檐柱上架梁，梁上是粗大叉手（梧）上承脊槫。类似的结构，即柱上架梁的作法，多见于东汉晚期的画像石墓（如沂南画像石墓，前中室内正中的都柱上都架石梁）。看来建筑中的梁，从战国中山王墓下层回廊遗址使用之后，经过秦和西汉，到东汉已经流行开了。流行了梁，才真正结束了单向列柱的早期作法，因而使建筑牢固了，也才使承托较重的屋顶成为可能，汉代建筑用瓦普遍，其原因也在于此。

楼阁建筑兴起　四川成都画像砖右院的高楼，它的下层内部画出楼梯，说明已和以前的台榭建筑下部中心用夯土台的做法不同了，下层柱子和上面的柱子相联结的作法也与以前台榭建筑上下柱不相对应的做法不同。废掉了夯土台，全部空心；下层柱头承托顶上层柱脚，这样真正的楼阁才出现了（彩版五：Ⅵ）。画像砖中的高楼三四层都有平台，第三层正面设门，门楣上有两门簪，侧面设窗，第四层角柱出丁头栱承上檐与左院的堂作法相同。值得注意的还有四注屋顶分上下两段布瓦，这种作法可能为了屋顶内部的通风，四川崖墓所出陶屋和有名的四川雅安高颐阙（建安十四年，209 年）的顶部都是两段布瓦，可见是当时流行的一种形式。屋脊两端出现了上翘的装饰，这也是当时各地较普遍出现的。楼阁建筑不仅出现在画像中，许多东汉墓中也出了不少陶楼阁，最重要的一座是甘肃武威雷台汉墓的发现。该墓发现的陶楼阁，不是一个单体，而是自成院落，甘肃同志叫它作"楼院"（《考古学报》1974 年 2 期，彩版五：Ⅶ）。楼院平面作横长方形，周绕院墙，正面开门。院墙内正中设五层高楼，高楼左右后三面设内围墙，各面正中有门或缺口与院墙内的空间相通。这个楼院有些与成都画像砖中的右院相似，但防守更为紧严，院墙四角置角楼，门上有门楼，门楼已佚。角楼间和角楼与门楼间架天桥相通，五层高楼每层和角楼皆封闭式，很清楚它的设计者是从军事防御方面考虑的。正门上出屋檐，屋檐用丁头栱承托，丁头栱上置二层斗栱，很像重栱的作法。这种高楼，关东地区发现的，制作比甘肃精细，如陕县所出，每层外绕廊，廊和檐下做出丁头栱（彩版五：Ⅷ），看来，好像是侧面横枋的出头，如果是这样，那就比从柱子里伸出的插栱式的丁头栱要牢固多了。关东地区的这种高楼，有的下面立于水池之内，这当然比建于地面上，在结构方面的要求又要更复杂了。除了这类高楼之外，大门外面的阙也越建越高，郑州空心砖上的阙有的建有四层（彩版五：Ⅸ），最下层很高，作出了柱、枋、斗，表示它是木结构，这套木结构虽然只表现出一个正面，但有两点值得注意：

1. 出现了斗子蜀柱的组合，还出现了上下用斗中间用蜀柱的组合；

2. 斗子蜀柱这个组合有点类似后来补间的做法。

柱头上的斗栱叫柱头斗栱，二朵柱头斗栱之间的斗栱叫补间斗栱，补间斗栱的出现应是一个较重要的新发展，因为它意味着开间可以更加宽了；还意味着两柱头间必须出现横材，这样补间斗栱才有地方安置，两柱头间的横材如果放在柱头斗栱之上（如郑州空心砖那样），那就意味屋檐可以升高，室内采光有了改善；如果放在柱子的上部，那就使同列的柱子有了相互牵扯的构件，因而彼此都可更加稳定。总之，补间斗栱的出现是木结构的一次进步。后一种安排补间的办法，我们在成都东北约60里的德阳的画像砖中，看到了萌芽（彩版五：Ⅹ）。这是一座大门的图像，两角柱之间出现一个横材，它不是置于斗上，而是置于柱子的上部，是用榫卯的结构法嵌入的，这样就可使两角柱更加稳定，这个横材，后来有一个专用名词——阑额，江苏睢宁画像石也有这种作法（彩版五：Ⅺ）。德阳画像砖这个横材之上有二个蜀柱，正中还有两组斗子蜀柱，看来斗子蜀柱这个组合，东汉很流行，所以郑州到德阳都有发现，这个蜀柱和这二组斗子蜀柱，就他们的位置来讲，都很像是补间的位置。郑州空心砖和德

图 3-8　山东临淄郎家庄一号东周墓漆盘上的建筑

阳画像砖上的补间斗栱，这时即使还不成熟，但说它已有了萌芽，或是说它有了开始的起点，应当是可以的。

　　斗栱的发展　东汉实物和图像中的斗栱和上述战国的情况比，大大复杂化了。上面我们已经讲过了不少，现在再系统地重复一遍。也不完全是重复，也有一些补充。

　　在许多战国图像中我们看到了柱顶置斗的形象，如辉县线雕，山东临淄漆画上画出两端上翘似栱的构件（《考古学报》1977年1期）（图3-8），中山王墓的铜座上出现抹角的一斗二升斗栱，但斗之下有一个类似蜀柱的圆柱，其间又出现了类似栱的构件；成都出土的战国铜壶上的建筑出现了很像一斗三升和重栱的图像。西汉从公元前205年至公元25年，共二百三十年间具体的资料没有看到。东汉斗栱已很复杂。两个石室雕出的柱顶结构，有置一斗的，较大的建筑流行了一斗二升，其间使用了真正的栱。在这种一斗二升斗栱的基础上，逐渐流行了一斗三升斗栱，其间有两种从一斗二升向一斗三升过渡样式见四川彭山崖墓，这两种过渡样式斗栱下部都出现了皿板（借用日本的名词），这也是值得注意的一个新构件。一斗二升斗栱的发展还有另外两种形式，一种仅是扩大了承托面，如沂南汉墓中置于都柱上的一斗二升，另一种不仅扩大承托面，还要起抬高屋顶的作用，如浙江海宁长安镇画像石中的两层一斗二升，上层是鸳鸯交手的作

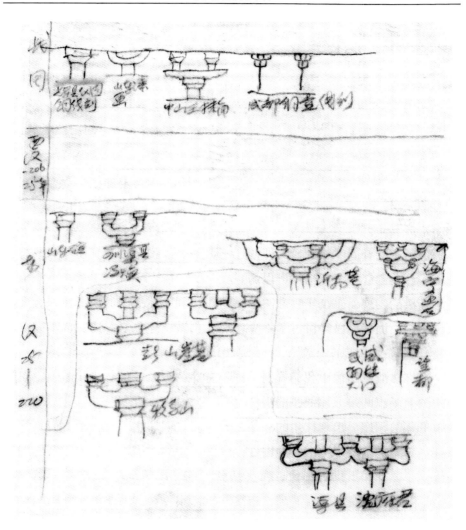

图 3-9 战国两汉斗栱的发展变化

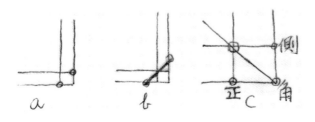

图 3-10 东汉转角铺作的两种设置（a、b）

法；又如河北望都、甘肃武威等汉墓出土陶屋上的斗栱形式，这种很像重栱的作法。东汉还出现了一种曲形栱，上述彭山崖墓是一例，四川渠县沈府君阙又是一例，后者是使用了鸳鸯交手的作法。斗栱复杂还表现在"出跳"这种新技法上，出跳为了拔檐，成都画像砖和甘肃武威陶楼大门檐下斗栱的出跳很清楚是使用插栱（丁头栱）的作法，而关东地区的陶屋如陕县陶屋则表现为侧面横枋向前后两面伸出的作法（正面横枋向两侧面伸出亦然）。上面所讲斗栱的复杂情况主要是柱头斗栱。两柱头斗栱之间的补间斗栱，东汉已有萌芽，最清楚一例是上述彭山豆芽沟崖墓176的墓门上部那一朵。它两侧虽然没有刻画出柱头斗栱来，但它的位置足以说明它是补间，并且它的下面还清楚的刻出了阑额，表明阑额这个构件，东汉也开始出现了（图3-9）。檐下斗栱有三种，柱头、补间之外，还有一种是转角斗栱，转角斗栱除了承托正侧二面屋檐之外，还要承托角梁，东汉位于转角的斗栱，有两种方法（图3-10），一是如陕县之例是从二面挑出（a），另一种延战国中山王墓方座的作法用抹角一斗二升，如关东地区的画像石在角柱上使用者（b）。这两种作法在结构上好像都没有角梁（c），所以也无须处理角梁的重量，因而还都不是真正的转角斗栱。所以说尽管东汉斗栱复杂化了，但还没有出现真正的转角斗栱（参看图3-10c）。

第四章　魏晋南北朝建筑

邺城三台和函谷关线雕石刻

文献记载汉献帝建安十五年（210年）以后曹操在邺城修建的铜雀台、建安十八年（213年）建金虎台是汉末魏初有名的建筑物。台上建筑早已不存了。但台址尚在。从近年邺城的试掘工作，知道三台并不是平地而起，是建筑在邺城西城垣中。台全部夯筑，比城垣为宽，与城垣南北相联。他的位置说明它的作用不仅为了宴游更重要的是防御，因此台上的建筑有可能是多层的。20世纪二十年代洛阳附近曾发现一块残石刻，上面线雕出有两座高楼的关门形象，两楼间有榜题，曰："函谷关东门"。知道这是一处城门楼。线雕的时代比常见的东汉晚期的画像石要晚，估计是魏晋的作品。因此我们可以这个图像来想象当时的楼阁建筑（图4-1）。二座高楼都是四层楼阁式，但共有第

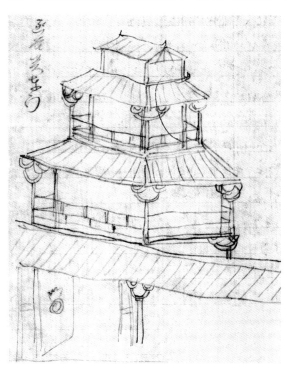

图4-1　函谷关东门石刻线雕

一层，二至四层则是并列的单独建筑。从这处楼阁建筑图像我们知道：这时期的楼阁建筑与过去的台榭建筑更是完全不同了，有些从东汉画像和陶明器中看不清的细部，如二三两层周围廊、廊外侧设栏杆的做法就非常明确了；又如角柱上面的抹角式的转角斗栱的形象也比东汉晚期的画像石更为清晰，这种转角，实际即是用柱头斗栱承托正侧面的屋檐而已，仍和东汉相同，并不是真正的转角斗栱。

坞堡壁画和宅院明器

　　魏晋南北朝时期战乱相寻，地方豪强多建坞堡，坞堡之中建有设防的宅第。这些具有时代特色的建筑物，近年考古发现提供了不少较为明确的形象。甘肃嘉峪关市魏甘露二年（257 年）墓壁画有坞的图像（图 4 - 2，《文物》1972 年 12 期），坞的平面略作方形，高墙厚壁，墙上设女垣，过梁式门开在夯土墙中，墙上建单层门楼，与函谷关东门上下皆为木建者不同。湖北鄂城一座吴墓出土一组反映当时宅院布局的青瓷院落（图 4 - 3，《考古》1978 年 3 期），长方形院落，前门墙上建门楼，楼顶内部刻"孙将军门楼也"六字，墙四角上有角楼，院落内分前后院，后墙有小门，高墙厚壁的作法与坞同。坞堡与宅第这时期均具封闭设防的特点，和以前多敞开的建筑形象大不相同。战乱的年代，影响了一般建筑的发展。就现有资料看，5 世纪中期以后，我国个体建筑物才逐渐出现新的特点。

图 4 - 2　甘肃嘉峪关魏甘露二年（257 年）墓壁画中的坞

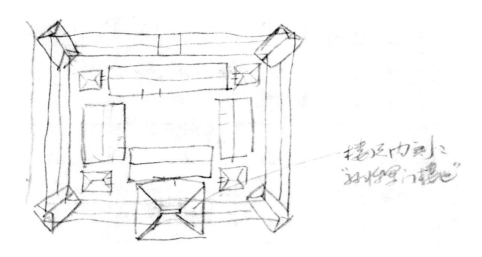

图 4 - 3　湖北鄂城吴墓孙将军瓷楼院俯视

北朝晚期的殿堂

北朝晚期这里是指北魏孝文帝太和元年（477 年）以后迄隋 581 年灭北周，共约百余年间。这个阶段遗留下不少石刻和小型的石建筑物，这些建筑物的等级大部分是等级较高的殿堂，也有少量的略低级一些的个体建筑物的图像。在这类遗物中，有九项情况比较重要，我们看到了补间斗栱的普遍使用和阑额逐渐流行；也看到了三角梁架的普遍流行（图 4 - 4）。

1. 公元 494 年北魏迁洛以前在大同云冈开凿的石窟中，有不少佛殿雕刻。这些佛殿都是在柱顶上置栌斗，之上置横枋，横枋上置一斗三升斗栱，转角正侧面各露一半与柱头无殊，两柱头间使用叉手（人字栱）这种补间斗栱（云冈第 12 窟）。间宽的佛殿栌斗口置替木，两柱头之间的补间不止用叉手，还用一斗三升，有的还使用皿板（云冈第 9 窟），还有使用卷云、卧兽柱头和束莲柱等西方的作法（图 4 - 4：A）。

2. 北魏迁洛以后，在洛阳龙门开凿的古阳洞中，斗栱复杂了，柱头用一斗三升重栱，使用重栱目的为了向高挑檐，这样两柱头之间的补间叉手也高起来了，中间还加了蜀柱（图 4 - 4：B）。这样为了升高屋檐的补间斗

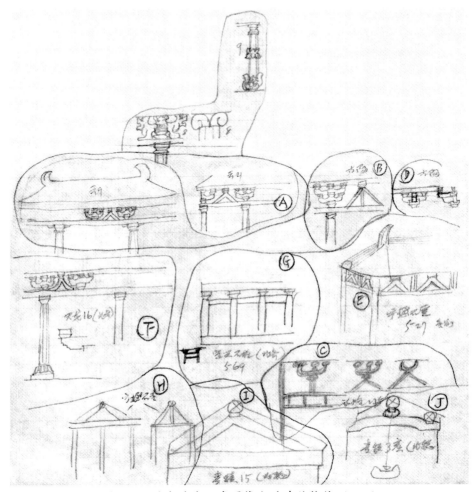

图 4-4　北朝晚期殿堂图像上的建筑构件（A~J）

A. 云冈第 8、9、21 窟中的佛殿雕刻　B. 龙门古阳洞　C. 莫高窟第 275 窟

D. 龙门古阳洞　E. 洛阳宁懋石室　F. 天龙山第 16 窟　G. 定兴石柱

H. 宁懋石室　I. 麦积山第 15 窟　J. 麦积山第 3 窟

栱，在敦煌莫高窟现存最早洞窟之一的 275 窟中，我们看到另外三种形式（图 4-4：C）。仅仅用斗栱复杂来升高屋檐，这种做法并不稳固，所以，可能很快就废除了，所以我们只在这两处洞窟中看到。

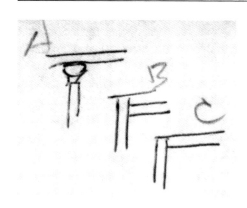

图 4-5　东汉晚期迄北朝晚期殿堂
柱枋的三种结构（A～C）

A. 柱顶栌斗上置横枋　B. 横枋插于柱上部

C. 柱头间施阑额

3. 古阳洞佛殿浮雕中出现了出跳的斗栱（图 4-4：D），斗栱出跳为了使檐深远，这是一个很重要的改进，但也仅见此一例，可能当时并未流行。

4. 洛阳北魏孝昌三年（527年）宁懋墓出土的石室（图 4-4：E），上面刻划的补间，叉手与蜀柱并用，这也是一种新的样式。石室刻划的建筑，横枋不置于柱头栌斗上而插置于柱子上部，同样的作法也见于敦煌 275 窟，看来，这也是当时流行的作法。

5. 北齐北周时期（550～589 年）补间斗栱的叉手在样式上有了变化，两脚弯了下来，北齐栱头还出现内凹的曲线，斗下使用皿板的作法废除了。莲瓣柱础开始流行（图 4-4：F）。

6. 河北定兴北齐天统五年（569 年）所建石柱上方立一座小石佛殿，这座小佛殿使用了阑额（图 4-4：G）。初期为了安置补间和使一列柱子稳定而使用的横枋，在做法上从东汉画像中就看到有三种方式，一直并行到北朝晚期（指公元 3～6 世纪中期）。这三种方式（图 4-5：A、B、C）是柱顶栌斗上置横枋（图 4-5：A）、或横枋插置于柱上部（图 4-5：B）；还

图 4-6　甘肃敦煌莫高窟北朝
晚期壁画中的两段式殿堂屋顶

有一种使用了阑额（图 4－5：C）。最
后，后面一种结构——阑额胜利了。
大约从北齐到隋时期，阑额（图 4－
5：C）逐渐取代了上面两种结构（图
4－5：A、B）。阑额出现后，莫高窟
275 窟壁画中还出现了二层阑额其间置
蜀柱的作法。

　　7. 宁懋石室线雕建筑的山面，露
出梁架结构两处，一是叉手承脊槫，
一是叉手蜀柱承脊槫（图 4－4：H）。
麦积北朝晚期洞窟 15 窟东西山墙处雕
出巨大的梁和叉手，叉手上置替木上
承脊槫（图 4－4：I）。这几项实例，
大体可以说明当时梁架的样式。

　　8. 麦积山第 3 窟千佛廊，也是北
魏晚期所开凿，十四间长廊，除两端
外，各间皆凿出中间有曲线的梁——
月梁，月梁背上正中置驼峰，上置替
木承脊槫，月梁前后端架在墙上，但
后端置替木承平槫。这是一种不用叉
手的简单的梁架，但月梁和驼峰都是
第一次出现。驼峰介替木上承脊槫的
作法也是以前所未见的（图 4－4：J）。

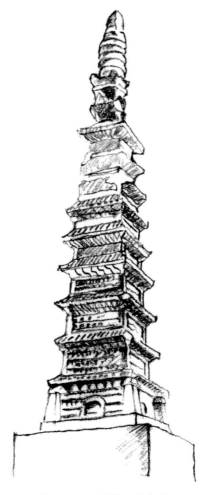

图 4－7　原藏山西朔县
北魏天安元年（466 年）
平城雕凿的方形石塔

　　9. 汉阙和汉代陶屋、画像砖中见到的屋顶分段布瓦的作法，一直使用
到北朝晚期，见于北魏一些造像碑中，敦煌莫高窟北周石窟中的许多殿堂
壁画还清楚的画出这种屋顶，有的用在单层建筑上，也有的用在重层建筑
上，如 296 窟窟顶善事太子本生中的图像（图 4－6）。这种屋顶作法，我们

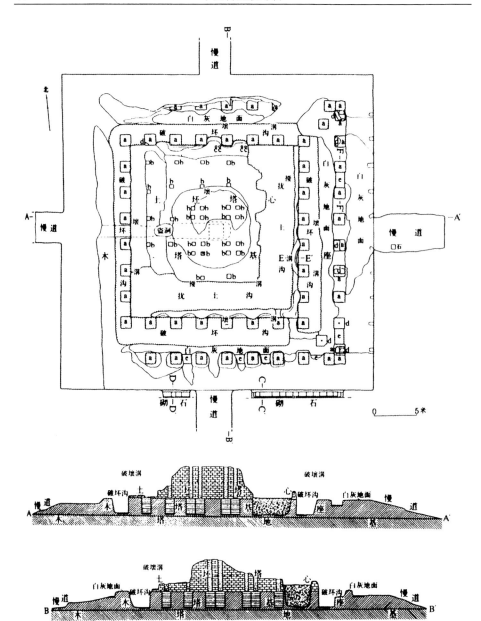

图 4-8　河南洛阳北魏永宁寺塔遗址平、剖面

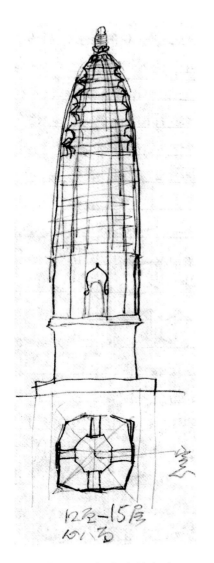

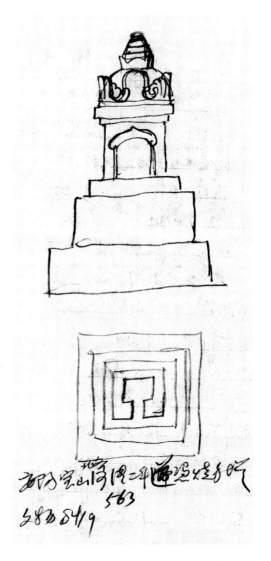

图 4-9　河南登封北魏　　　　图 4-10　河南安阳宝山北齐河清
　　　嵩岳寺塔　　　　　　　　　二年（563年）道凭法师塔

图 4－11
山西五台佛光寺
祖师塔

图 4－12
山西五台佛光寺
祖师塔上层外壁
影作

现知在北周以后的资料中还没有发现，但在朝鲜庆州所出相当于初唐画像砖中有这种形象，日本法隆寺一个有名的木造佛龛——玉虫厨子也是这种屋顶，看来这种屋顶的下限可能延续到7世纪。

北朝佛塔

现知北朝有纪年的佛塔最早的是北魏献文帝天安元年（466年）平城雕凿的方形石塔（图4－7，原藏山西朔县崇福寺弥陀殿内），塔下有高台基，九层仿楼阁式逐层缩小，刹的高度约为塔高的1/3。这种方形多层楼阁式塔，为各石窟所常见，是当时流行的样式。塔的层数一般是奇数。洛阳发掘北魏熙平元年（516 年）兴建的永宁寺塔也是方形，文献记载也是九层，塔台基遗址，高出地面 5 米。台基之上有五圈柱础，共 124 个，可以想见，这原来是一座高大的楼阁木结构（图 4-8，《北魏洛阳永宁寺》，中国大百科全书出版社，1996 年）。图像中有很多单层方形塔，除了方形塔之外，北魏正光四年（523 年）兴建的登封嵩岳寺砖塔，是现存最早的砖塔，十二面，密檐十五层，每层出檐都用叠涩拔檐的作法，抛物线的外形十分秀丽，塔内八面自下至上是空筒状；原有楼板已佚失。塔外面原全涂白色，与上述楼阁式塔不同（图 4-9）。以上诸塔都是供奉佛像和佛舍利的。北朝晚期出现僧人塔，僧人塔多单层方形石塔，如北齐河清二年（563 年）安阳宝山北齐道凭法师塔，塔心内方形，下挖竖穴置骨灰（图 4-10，《文物》1984 年 9 期）。五台佛光寺祖师塔六面二层，砖塔，下层内室亦六面（图 4-11）。上层实心，外壁影作大叉手补间斗栱，其下影作双层阑额，双层阑额间画出蜀柱（图 4-12，《汇刊》七卷一期），这种做法为以后隋唐所习见，但它的来源可能较早，麦积山 4 窟（北周）壁画和敦煌 275 窟壁画都有类似的图像，前者蜀柱数量少，后者数量多，但都是彩画中所谓"七朱八白"的初期形式。

第五章 隋唐五代建筑

壁画和明器中的隋代殿堂

莫高窟隋唐窟壁画多佛殿图像，其二重阑额和柱头用一斗三升和补间用弯脚叉手的情况与北朝晚期同，中心间宽、补间用一斗三升和叉手的情况，也与北朝同（图5-1：A）。但有的屋顶出现两种颜色，如302窟（图5-1：B）屋脊画绿色，坡顶涂蓝灰色，这表示脊与坡顶用瓦不同，以后来情况例之，蓝灰色应是一般灰瓦，绿色则是琉璃瓦。这种在顶的边缘处铺琉璃瓦的做法，叫剪边琉璃。文献记载北魏已使用了琉璃瓦，过去大同方山曾有发现，南京也曾发现六朝琉璃残瓦，剪边琉璃的做法，大约南北朝晚期即已出现，但较清楚的实例，应以此隋窟壁画为最早。隋末唐初380窟中的歇山顶佛殿（图5-1：C），也是剪边琉璃的做法，但他在檐下画出了两层椽子，即檐椽和飞檐椽（飞子），这是以前所少见的；屋顶侧面的山花处，以前都是空白，表示山花空处别无它物，这里出现了花饰，它应是垂鱼的最早形式（亦见图5-1：C）；檐下斗栱出现了两个同宽度的一斗三升的重迭的新形式的重栱。开封博物馆收藏的一件隋代的陶屋明器，大约也是隋晚期的（图5-1：D），它还使用以前流行的在斗栱之间设横枋和束莲柱的做法；这里我们强调的是它所表现的斗栱出跳，斗栱向前伸出叫出跳。这座陶屋斗栱向前出了三跳（出跳的栱，有专门名词叫华栱，因为出跳又叫跳头，树枝的梢头叫杪，又叫杪栱，《说文》："杪，木标末也"，《方言》："木细枝谓之杪"，《郭注》："言杪，梢也"。《法式》有的写作"抄"，有的"杪"，看来前者是误写。斗栱出跳的目的是为了提高屋檐，使屋内采光充分，另外也为了出檐深远，当时的墙，都是夯土墙，夯土墙怕雨淋，屋檐提高了，必须再伸长些，不然，墙淋雨的部分就增大面积了）。开封所藏的隋代陶屋表现的出跳，应是较原始的形式，它只考虑了向前伸，而未考虑这朵高高的柱头斗栱的横的组织。孤立地伸出，失去了平衡，因此必须改进，这个改进完善的过程是在唐代逐渐完成的。

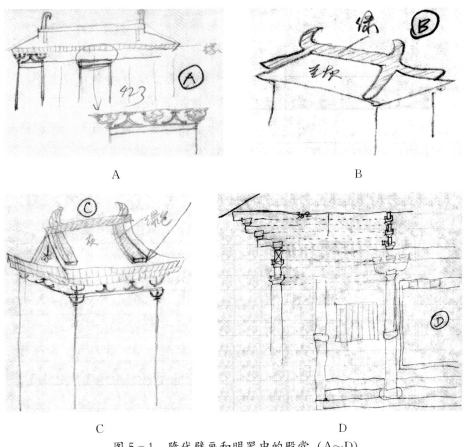

图 5-1　隋代壁画和明器中的殿堂（A～D）

A. 莫高窟 423 窟中的佛殿　B. 莫高窟 302 窟中的殿堂

C. 莫高窟 380 窟中的殿堂　D. 开封博物馆藏隋代陶屋

7世纪后半迄8世纪初唐代殿堂图像和文献记录

这个时期就是唐高宗和武则天执政的时期。这个时期一般被看作初唐的晚期。这个阶段有一幅很重要的佛殿的线雕，即西安慈恩寺大雁塔门楣石刻（石刻的年代约在652～704年之间）和一段很重要的文献记录即《通典》卷四十四所记的总章三年（670年）拟建的明堂的设计。先抄一下这段文献。

《通典·礼·大享明堂》条：

> 总章三年三月具明堂规则，下诏：其明堂院每面三百六十步，当中置堂……院每面三门，同为一宇，徘徊五间（每门舍五间）。院四隅各置重楼，其四墉（四面墙）各依方色。基八面，高丈二尺，径二百八十尺。每面（指正向面）三阶，周回十二阶。每阶二十五级。基上一堂（明堂），其宇上圆。堂每面九间，各广丈九尺。堂周回十二门，每门高丈七尺，阔丈三尺。堂周回二十四牖，牖高丈三尺，阔丈一尺。棍二十三，二十四明。堂心八柱，长五十五尺，堂心之外置四辅。八柱四辅之外，第一重二十柱，第二重二十八柱，第三重三十二柱，外面周回三十六柱。八柱之外，柱有修短，总有三等，都合百二十柱。其上槛周回二百四十柱，重楣二百一十六条。大小节级栱总六千三百四十五，重斡四百八十九枚，下栭七十二枚，上栭八十四枚，栭六十枚，连栱三百六十枚，小梁六十枚，棒二百二十八枚（以上七字据《旧唐书·礼仪志》二补），方衡一十五重，南北大梁二根，阳马三十六道，椽二千九百九十根，大栿两重，重别三十六条，总七十二，飞檐椽七百二十九枚。堂檐径二百八十八尺。堂上栋去阶上面九十尺，四檐去地五十五尺，上以清阳玉叶复之。诏下之后，犹详议未决，后竟不立。（唐代尺度：一步约6尺；一尺约为30厘米）

这段文献分两步讲：先讲总体设计，"明堂院每面三百六十步……都合百二十柱……"，"堂檐径二百八十八尺……"等。次讲中间的名词："上槛、重楣、大小节级栱……"。

明堂院当中置堂——明堂。"基八面"指明堂台基而言。每面三阶，指明堂每正方向那面设三阶。台基之上是一座方形圆顶的大型木结构。堂檐径即檐长 288 尺，堂上栋即脊槫，脊槫下距阶上面 90 尺，加上脊高，堂之高要有 90 多尺。檐距地面 55 尺。明堂规模大、结构复杂，说明当时建筑水平有了较大的提高。这时距唐统一之初（619 年）已有半个多世纪了（彩版六）。

文献记录这座明堂所使用的木构件，借此可以了解唐代建筑的名词：

上槛，槛应是堂前阑柱的横木，上槛大约是指檐柱上部横阑之枋，宋名柱头方。

重楣，指檐柱上部的横枋，二层曰重，宋名阑额、由额。

大小节级栱，节级即等级，即长短栱。

重幹，指横承顶重的槫。

下柳、上柳，即上昂、下昂。这两件构件是新东西，下昂的作用是前承檐重，后承梁重，上昂置在斗栱后尾上承梁重，以后都要讲到。过去认为昂出现较晚，看来至少在 7 世纪后半就已经成熟了。这种构件不是一般使用斗栱的建筑都可以使用，是高级建筑才能使用的，明堂正是最高等级的建筑之一。下昂使用于檐柱，檐柱三十六，下昂七十二枚，这正好每个柱头铺作上用两枚，即所谓双下昂的做法。

枅，无曲线的栱，即一段横木，《说文系传》："枅，斗上横木承槫者，横之似筓也。"可能接近宋代的替术。

连栱，两横栱距离太近，空间不够或太紧，故连成一起，因名。即宋代的鸳鸯交手栱。

小梁，与大梁相对而言，即跨度小的梁，可能即是宋名的乳栿。栿即梁，乳，小也！乳栿即小梁，其跨度为二椽。

桿，比小梁还短的梁，宋名箚牵，一椽的跨度。

方衡，即栏楯。纵木曰栏，横木曰楯。一十五重者，十五组也。可能后面少一组，不清楚。

南北大梁，位置应在正中。

阳马，斜梁，包括角梁。

椽即椽子，包括檐下之椽，断面圆形。

大棉，即挑檐之槫。《说文》："槏，棉也。"《系传》："按槏即连檐木也，在椽端际。"宋代名挑檐槫，撩风槫。

飞檐椽，在檐椽之背上，断面作方形，又名飞子。

这些名词中缺了斗，大约是大小节级栱和连栱的附属构件，没有单记。还缺了补间的叉手，唐时名梧。

大雁塔门楣刻石中的佛殿　　那是一座在台基前设左右阶、面阔五间、四注顶的殿堂（图5-2：A、B）。图像是正面图，进深几间不详。中心间距离宽，檐柱下设莲瓣覆盆柱础，柱头有卷杀，柱上部设重楣，即有阑额、由额各一道，重楣间设蜀柱，柱顶置斗栱。佛殿的斗栱组织我们仔细分析一下：

1. 柱头铺作即柱头斗栱。先讲各部位名词。

a. 出现了华栱两跳。

b. 出现了令栱。令栱上承挑檐槫或是挑檐枋（大棉），这个构件可以稳定向前伸出的屋檐，转角正侧面的令栱，作鸳鸯交手连栱形式。下面还讲。

c. 斗栱复杂化，样式增多了，于是每种样式的斗栱，出现了专用的名词。大雁塔门楣石刻中的佛殿的柱头斗栱，它的专门名词是："双杪、单栱、偷心、五铺作"，《法式》卷一："今以斗栱层数相叠、出跳多寡次序谓之铺作"（图5-3）。

d. 关于柱头斗栱的后尾问题。按后来的实例，推测第一条华栱后尾仍作华栱，第二跳后尾则可能为大梁，即栿，且有可能是月梁做法（图5-4）。和一斗三升的斗栱比较，华栱出跳前面为了出檐长和升高屋檐，长为了避雨，高为了室内采光的改善。华栱出跳的后面，把梁提高了。

2. 补间铺作。

图 5－2：A　陕西西安大雁塔唐门楣石刻中的佛殿

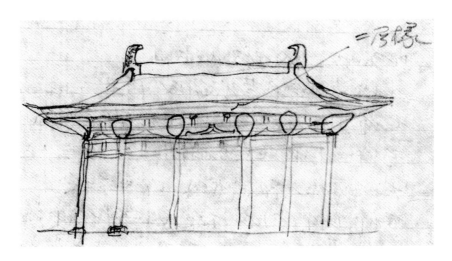

图 5－2：B　陕西西安大雁塔唐门楣石刻佛殿立面

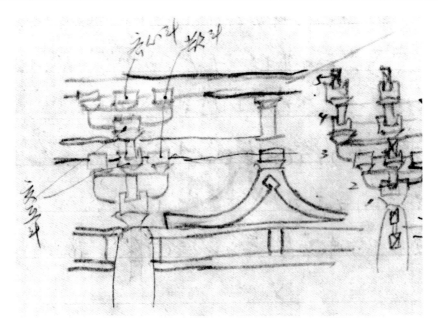

图 5－3　西安大雁塔唐门楣石刻佛殿柱头铺作正、侧面和补间铺作

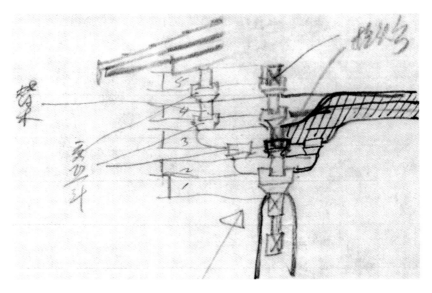

图 5－4　西安大雁塔唐门楣石刻佛殿柱头铺作剖面

　　补间铺作有两层，下层即阑额与第一层柱头枋之间置叉手，叉手的形式比以前向横长发展（即舒脚），第一层柱头枋与第二层柱头枋之间置斗子蜀柱。这二层柱头枋，大约即是上述文献中所记的上槛（图5-3）。

　　3. 转角铺作。

　　最重要的是转角铺作成熟了，在正侧面的斗栱之间的45度角线上出现一缝构件：两跳角华栱，角华栱要比一般华栱为长，第二跳角华栱之上承托正侧面的令栱出头，这处的令栱是连栱的鸳鸯交手栱的做法。令栱之上置正侧面挑檐枋，其上承托角梁二重，下曰老角梁，上曰仔角梁（图5-5）。

　　这个时代的建筑图像，还有一处比较重要的是乾陵陪葬墓（中宗神龙

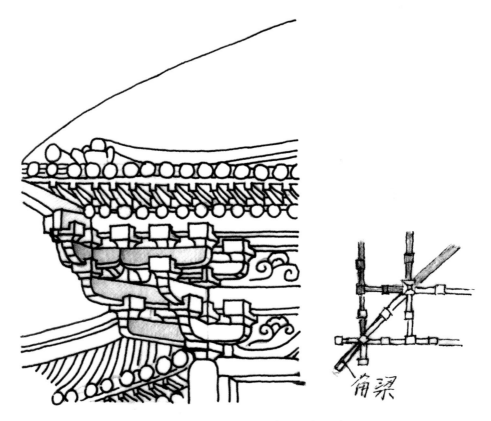

图5-5　西安大雁塔唐门楣石刻佛殿转角铺作和仰视平面

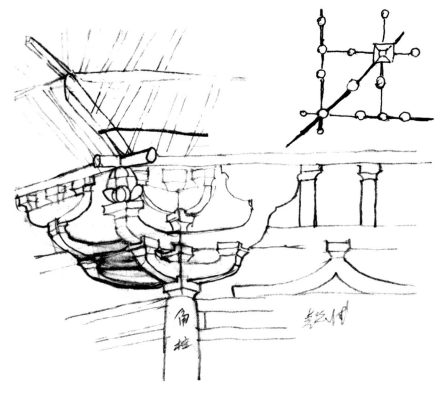

图 5-6　陕西乾县唐懿德太子墓楼阙壁画中的转角铺作和仰视平面

二年，706 年）懿德太子墓的楼阙。楼阙的建筑形象与大雁塔刻石极为近似，因为他们的年代很接近，但懿德太子墓的上檐转角铺作比大雁塔为简单（图 5-6），即是角华栱在第二跳之上未施令栱，正侧面没用连栱的做法，都只设一朵令栱，因而也就不可能有出头的问题，因此角华栱也就不承托正侧面的令栱出头，这样，第二跳角华栱上设置了一个没有"耳"的平斗，这个斗，宋以后名平盘斗。平盘斗上放了一个莲蕾承托正侧二面的挑檐槫，其上再置老角梁与仔角梁。楼阙平座斗栱中令栱与素枋之间使用了替木。

麟德殿与含元殿遗迹

麟德殿（《文物》1963 年 7 期）和含元殿（《唐长安大明宫含元殿原状的探讨》，《文物》1973 年 7 期）都是初唐阶段唐皇室的重要殿堂。含元殿建成于龙朔三年（663 年），麟德殿建年无考，但它也是大明宫中的早期建筑，估计和含元殿时间差不多。它们都与大雁塔门楣刻石属同一阶段的建筑。我们先讲了大雁塔刻石，了解了这个阶段的殿堂立面的大体情况，再看同阶段的殿堂遗迹。含元殿是外朝朝会之所，是唐皇室的正衙。麟德殿是宴会接待外宾的地点。两殿用处不同，所以布局也不同。现根据遗迹和文献介绍一下两殿。先看含元殿遗址。

含元殿　铲削龙首冈南缘，局部加夯土补齐，使成倒凹字型突出冈外的大墩台。台南面壁立 10.8 米。在这处墩台上再分别夯筑殿各部分，有殿、双阁、飞廊的台基。

殿所在的墩台和夯土台基高 15.6 米，台基之前设砖砌坡道，坡道大部坍毁，其上是下层殿基（殿陛），登左右阶，升上层殿基（殿阶），上层殿基复于檐下，这匝廊叫副阶。殿身面阔十一间，进深四间，内柱两排，二十根，按柱网布局缺中间一排十根柱，这是减柱的做法。外柱前檐十二根，东北西三面为厚 2.35 米的荷重墙。用墙荷重这是传统的做法。殿身四周设一匝副阶，即廊。廊有檐，知此殿是重檐。包括廊在内，面阔十三间，长 67.33 米（以 0.294 米为一唐尺，折合为 228 唐尺），进深六间共深29.2 米，接近 100 唐尺（以上皆按柱中线计算）。面积约为 1966.04 平方米。殿身两侧有阁道（飞廊）与左右廊和翔鸾阁（东）、栖凤阁（西）相通。阁道遗址只存轮廓，根据少量柱痕，可知东西廊为单廊，南北廊为复廊。东西两阁，东边的翔鸾阁墩台和夯土台基还保存较好，但顶部遗迹已遭破坏，也不保存原地面，残高 16.3 米，台南北宽 12.7 米，东西残长 25米，台下四周出一匝高 1.2 米、宽 1.1 米的台阶。这两个阁，唐时又名两阙，参考懿德太子墓三出阙的制度，它的平面应是如图之式（图 5 - 7）。

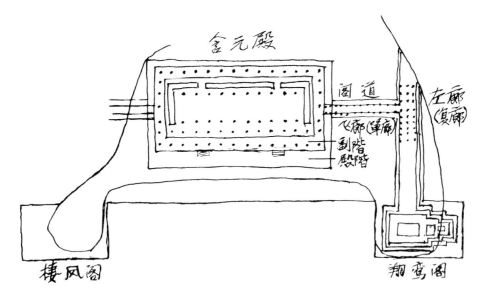

图 5-7　西安唐大明宫含元殿台基以上遗址平面

阁下部为高高的夯土台，外包砖皮，阁身原是木构，木构的情况可参看懿德太子墓壁画。程大昌《雍录》卷三引《两京新记》："含元殿左右有砌道盘上，谓之龙尾道。"同书卷引康骈《剧谈录》记："龙尾道出于（栖凤、翔鸾）二阁前"，故程大昌记："王仁裕自蜀入洛过长安记所见曰，含元殿前……阶两面龙尾道……花砖微有亏损"，并补记"其铺砖处逶迤屈曲凡七其转，故自丹凤门北望如龙行而垂其尾，是以命为龙尾道也。龙尾云者，亦附并龙首山为义而立为之名也。"此两阁前左右盘上的龙尾道的遗迹似尚未明确；但值得注意的是含元殿前地势下落的广场特为宽阔，从殿阶到大明宫的丹凤门，这个空旷处长达 615 米，如和北京故宫比，太和殿阶到午门才不过 330 米，中间还有一个太和门，如从太和殿到太和门才186 米，还不到 200 米（图 5-8）。从这个比较我们可以看到唐大明宫的正衙居高临下高出广场 11 米的含元殿的气魄了。含元殿之后为宣政殿，再后为紫宸殿，这两殿皆在龙首冈上，与含元殿同一中轴线，三殿同为朝会之所，含元是外朝堂，宣政为中朝堂，紫宸为内朝堂，朝会之所有三的三殿之制，即始于唐大明宫，一直延续到明清（《文物》1973 年 7 期）。

麟德殿，位于大明宫内西南方的一处高岗上，周绕廊，南北长度不明（图 5－9）。东西宽 120 米多，中建东西约 80 米南北长约 130 米多的夯土台，其上连建三个殿，也是三殿之制，但连在一起，前殿面阔十一间，进深四间，前后各有廊，内槽减柱六根。前廊前设左右阶。后廊后接中殿，中殿面阔十一间，进深八间，东西

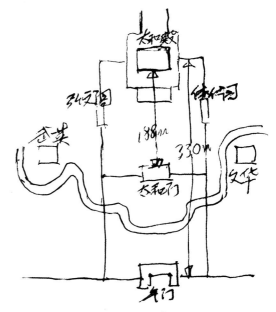

图 5－8　北京明清故宫午门
至太和殿间的布局

墙为厚五米多的夯土墙，比含元殿厚一倍还多，这样厚的承重夯土墙，说明它是楼阁建筑。中殿后部两侧各有一约 26.3×10 米残高 11.8 米的长方形夯土台，其前还有一约 11×10 米的方形四面包砖残高 5 米的夯土台。文献记录麟德殿有阁有亭。长方形夯土台应是阁的高台基，方形夯土台是亭的高台基，阁亭建于高台基之上，大概是以飞桥与中殿相连，这种飞桥连阁亭的形象，在敦煌壁画中不乏其例。连接中殿之北为面阔九间进深三间的后殿，后殿没有厚夯土墙知与前殿同为单层建筑。前殿前左右阶之前有道路遗址，向南的长度不详，文献记载麟德殿大历三年（768 年）宴神策军将士三千五百人，设宴招待这样多的将士，恐怕主要是在廊下和庭院设席位，因此，可以估计前殿之前的庭院不会太窄小，有人推测至少要长 50 米才能够用（宽 120 米）。麟德殿不仅前殿之前的布局不清楚，后殿之后也不清楚，近几年考古所正在这里补作发掘。

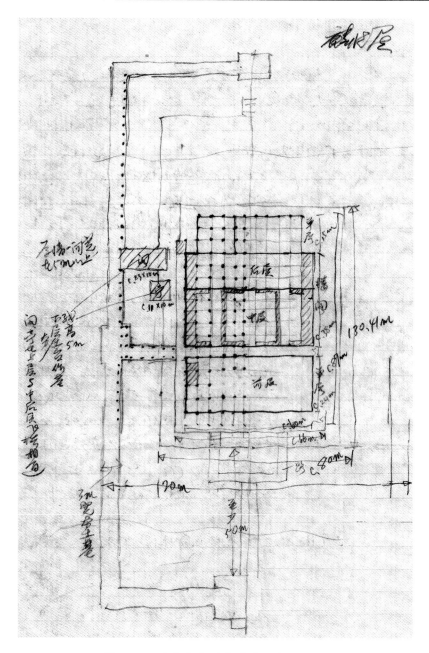

图 5-9　西安唐大明宫麟德殿遗址平面

麟德殿与含元殿平面、立面完全不同。值得注意的是宽厚的承重夯土墙的使用，是承袭了旧传统；主体建筑高低错落，并在两侧附建了一些较小的建筑很有点台榭建筑的遗意，周绕廊的作法也是旧传统。总之，麟德殿新旧结合创造出新的大面积连接在一齐的大殿堂的作法，在唐代大型建筑中自成一格。关于它的立面和结构复原，大家可参看《考古》1963 年第7 期中的文章。

南禅寺大殿和佛光寺大殿

上次我们重点讲了公元 670 年设计的明堂记录、706 年大雁塔的门楣刻石和 706 年懿德太子墓壁画中的建筑，大体上可以了解唐前期建筑的水平，麟德、含元两殿唐前期殿堂遗址就无须细讲了，自己看看《文物》上的有关文章就可以了。现在讲唐后期两座木构建筑实物。

这两座佛寺皆在五台山，南禅寺大殿建于建中三年（782 年），佛光寺大殿建于大中九～十年（855～856 年），两者都是唐后期的殿堂，但前者是厅堂型作法的小型殿堂，后者是楼阁型作法较大型的殿堂。大小型殿堂在作法结构上有很多不同，也可以说是等级制度在殿堂内部的反映。都是供佛的殿堂，其等级差别应是由于建筑者的身份不同的缘故。

先讲小型佛殿——南禅寺大殿（《文物参考资料》1954 年 11 期，《文物》1980 年 11 期）。南禅寺是一个小寺，现在只存 3×3 间的大殿一座（图 5－10：A，图 5－10：B，图 5－10：C）。大殿的结构，用北宋《营造法式》的名称是"四架椽屋通檐用二柱"的"厅堂"型作法。屋顶是九脊歇山顶。南北二坡各架二椽，共四架椽。殿内无柱，只有前后檐柱，所以叫"通檐用二柱"。这种柱网减去了中间四柱，殿内无内柱（金柱），可以布置面积较大的佛坛。这座建筑物可以看到较清楚的角柱侧脚作法，侧脚7 厘米，也有生起，角柱比明柱高 6 厘米。没用补间铺作。柱头铺作的组织是：双杪单栱偷心五铺作（图 5－10：D），它的高度与柱高的比例是1：2.7～2.8 之间，它的作法是栌斗口横施泥道栱，其上与大雁塔门楣同没有横栱是单栱作法，上承柱头枋二层，第一层柱头枋隐出慢栱，栌斗口向前出第一跳华栱（单材），头上没有横栱（瓜子栱），叫偷心，后尾也出华栱。第二跳华栱比第一跳高（足材），它是四椽栿的前伸部分，第二跳华栱横出令栱，令栱上承替木，用托挑檐槫，第二跳华栱向前出耍头（批竹式），其后尾是四椽栿上的缴背，它的长度也是四椽，缴背的作用是辅助较薄的梁栿承托上部的重量的。铺作中线上的组织在二层柱头方上用驼峰、皿板和散斗，上置压槽枋，以承屋椽。平槫与檐椽间距长，所以用压槽方作为中继补充的支撑力量。这里使用皿板是北朝以后少见之例。驼峰下面还会讲到。下面继续讲铺作后面的梁架部分。缴背之上两侧各置驼峰，注意驼峰的曲线，它和后来的驼峰曲线不同。驼峰上置栌斗，斗口横出令栱上承襻间以承平槫，令栱前斜撑托脚，后接平梁。平梁之上置叉手、令栱、襻间以承脊槫。由脊槫、平槫和檐槫构成的屋顶的高度和坡度，坡度缓和。这里讲高度和举高的问题，即梁架的举高，低就缓和，相反就陡起，怎样计算它的数据呢？《法式》记载是以"前后撩檐枋心相去之远近"的尺寸为基数，然后看它与脊槫背的高度，作出比例。这里前者长 11.25 米，后者长 2.235 米即是举高数字，前后的比例数字 5.15：1 即是屋顶坡度的数字（图 5-10：C）。现在转回来再看转角的斗栱，它比大雁塔转角多了个耍头（图 5-10：E）。

1. 画大雁塔转角与南禅转角比较。大雁塔无替木，用撩檐方，南禅有替木，用撩风槫。南禅多了三个耍头。

2. 再讲一次南禅梁架的举高，即屋顶的坡度（画梁架图，示意举高尺度所取位置），以"前后撩檐方心相去之远近"为基数，然后看它与脊槫上皮的高度，作出比例。

3. 再讲斗栱问题。柱头是双杪单栱、偷心、五铺作，比大雁塔增多了一个耍头（爵头）和替木（枅和㭼），用替木其上多为槫，《法式》名为撩风槫（挑檐槫）。不用替木，令栱多上承撩檐枋（挑檐枋）。出现了隐出的慢栱。补间无。转角和柱头同，比大雁塔多了耍头和替木；两条替木，三

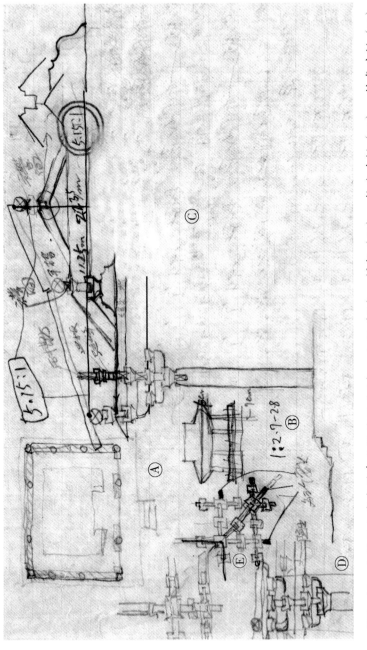

图5－10 山西五台唐南禅寺大殿平面（A）、立面（B）、梁架（C）、柱头斗栱（D）、转角斗栱（E）

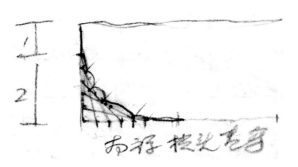

图 5 - 11　五台唐南禅寺大殿斗栱栱头卷杀作法

个耍头。

4. 斗栱有两处值得注意。一、斗栱的卷杀。一般斫五瓣（图 5 - 11），此斫后作出内颤，深约 0.3 厘米。内颤作法见于北朝，南禅之后即稀见了。二、令栱比泥道栱长，118～114 厘米，与以后反之或同长不同。

以上讲南禅的资料，根据 1974 年翻修前的情况（《文物参考资料》 1954 年 11 期），翻修后有些改变，有的对，有的不对（《文物》1980 年 11 期）。以后看实物时，要注意。

佛光寺大殿，建于唐大中九到十年（855～856 年）（《文物参考资料》 1953 年 5、6 合期，《梁思成文集》二）。是一座四注顶，7×4 间八架椽的大型佛殿（图 5 - 12）。由檐柱、内柱各一周组成柱网。照《营造法式》的规定，它是一座"金箱斗底槽"的殿阁型作法，与前面南禅寺大殿不同，南禅是厅堂型。殿阁型、厅堂型本身也还分级别，佛光是殿阁型中级别偏低的。关于佛殿建筑分等级，也是封建等级制度的一个反映。这个问题，下面还要提到。

此殿和南禅寺相同，也是建在较低的台基上，侧脚、生起都很显著，中心间宽达 5 米，与檐柱之高略等。从柱网布局，把殿内分内槽和外槽两部分。内槽减去四柱。"金箱斗底槽"，《法式》说它在梁架结构上是"八架椽屋，前后乳栿，用四柱"（图 5 - 13）。后部砌佛坛，坛后砌扇面墙。柱础覆盆部分雕宝装莲瓣，即是起脊的莲瓣。这是盛唐以后流行的柱础样式。柱顶施阑额。

斗栱分外檐与内槽二部分。先讲外檐。

外檐柱头斗栱的高度为外檐柱高的 1/2，即斗栱高为 1，檐柱高为 2

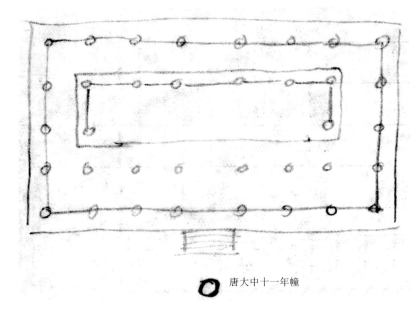

唐大中十一年幢

图 5－12　五台唐佛光寺大殿平面

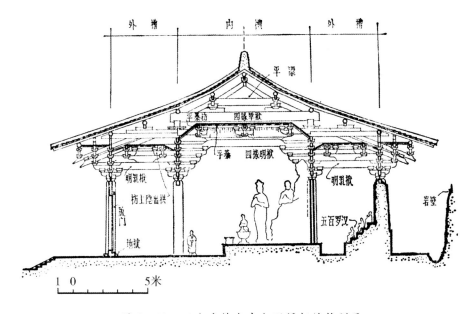

图 5－13　五台唐佛光寺大殿梁架结构剖面

（1：2），这是一般计算斗栱与柱高比例的作法，这个比例与南禅不同，南禅的比例大约是 1：2.7~1：2.8 之间，这个不同，可能也是殿阁型与厅堂型的差别。

外檐柱头斗栱的组织是双杪双下昂重栱偷心造，为七铺作（彩版七：1，含耍头断面，柱头铺作仰视平面）。比厅堂型的南禅大殿多了二层下昂。使用下昂，从上面明堂之例，可知它是高级建筑物的特征之一。现在讲柱头斗栱的组织：栌斗之上的泥道栱之上设柱头枋四层。第一跳华栱，跳头无横栱，是偷心的作法；其后尾仍作华栱，托在明乳栿下。第二跳华栱施横栱两层，是为重栱；第一层横栱叫瓜子栱，第二层叫慢栱。慢栱之上承罗汉方；第二跳华栱后尾是净跨二椽的乳栿，此乳栿在平闇之下，可以看得见，所以叫明乳栿，作出月梁样。第三跳是第一层下昂，昂头斫作批竹式，这个新构件是斜上挑起的，其后尾压在草乳栿下，此乳栿在平闇之上，人们看不见，没有加工所以叫草乳栿。第四跳即第二层下昂，前方上置令栱、替木，以承撩风槫（挑檐槫）；令栱正中向前出耍头，耍头斫成半翼形状，其后尾压在第二层下昂之上；昂头与后尾的作法与第一层下昂同。这朵斗栱在第二层柱头枋的位置，纵向安置一个前托第一层下昂底面，后尾斫成半驼峰式的构件，姑名之曰半驼峰。半驼峰上置一组一斗三升，与此一斗三升相交的是一个"素枋"（没有定名的枋），它的前面也贴托在第一层下昂的底面，后面隐出栱头；在一斗三升之上承托平棊枋。在第三层柱头枋上斜向安置平闇的竣脚椽。平闇是大盝顶的形式，中间宽平的部分作出小方格，四边都有由竣脚椽连成的斜坡。如没有四面斜坡，只是一片宽平的小方格叫"平棊"，所以承托这处闇的横枋，都叫平棊枋。从栌斗底到替木上皮是这朵斗栱的总高度，它与檐柱高度的比例是 1：2，前面已经讲过了。

外檐补间斗栱（图5-14）在两朵柱头斗栱之间的柱头枋上，出两跳华栱。第一跳华栱出在最下层柱头枋，跳头置四瓣翼形栱，第二跳华栱出在第二层柱头枋，跳头置令栱和出批竹式耍头，上承罗汉枋。补间的后

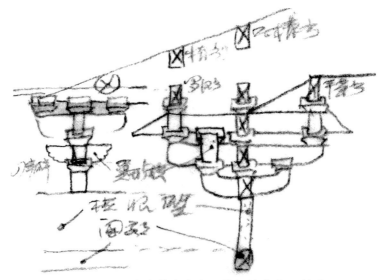

图5-14　五台唐佛光寺大殿补间铺作立、侧面

尾，第一跳华栱无翼形栱，是偷心造，第二跳华栱头上承的是平棊枋。其余皆与前面同。补间第一跳华栱下面无栌斗，就是栱眼壁，这不合理；估计原来应有栌斗，栌斗下还应有蜀柱支撑在阑额上，但这部分构件大概很早就用泥灰掩盖了，并在其上画了彩画。

　　外檐转角斗栱（彩版七：2）：1）比南禅寺正侧面和角缝上都多了二层下昂；2）正侧面第二跳跳头上的瓜子列栱相交作出鸳鸯交手形式，相交于第二跳角华栱上；此十字相交的瓜子列栱上承正侧两面的慢栱，作出重栱形式；3）正侧面第四跳跳头各置令栱上置替木，以承撩风槫；4）角缝第四跳跳头上正侧面各置令栱，作十字相交，皆上承撩风槫下之替木；5）在角缝第四跳之上多了一个昂——由昂，由昂之上置平盘斗，放宝瓶，托顶角梁，使角梁上翘，这样殿顶四隅才能出现翘角。

　　以上是外檐斗栱，下面讲内槽斗栱。

　　内槽柱头斗栱（图5-15），向内出四跳华栱（方向与外檐斗栱相反），第一跳后尾仍是华栱。第二跳后尾是明乳栿，与外檐第二跳连为一

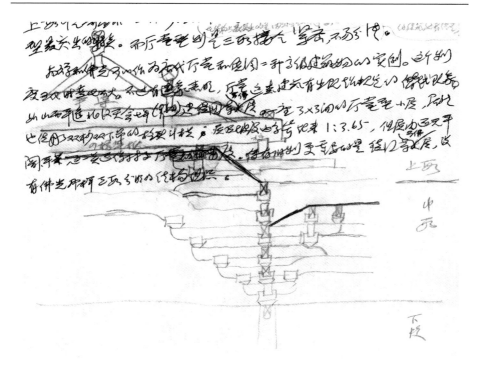

图 5-15　五台唐佛光寺大殿内槽柱头铺作及其上梁架

体。第三跳后尾出半驼峰，置于明乳栿之上。第四跳后尾为素方。此第四跳跳头上承明四椽栿。明四椽栿之上正中置驼峰或半驼峰、栌斗置十字斗栱，上承平棊枋以承大平阇。

　　简单说说中部平阇以上的梁架：内槽前后斗栱之上叠架长木块，置四椽草栿。其上置托脚、平梁、叉手以承脊槫，构成三角形屋架。屋顶坡度（举高）是 1：4.77，比南禅寺 1：5.15 高耸。两者相距时间不远（70 多年），这个差别，大约也是殿阁型与厅堂型不同的所在。前者高耸，后者低缓。

　　现在我们再说说平阇、平棊问题，这个部分上阻尘土有它的实用意义，不仅为了好看。但有它，使屋内空间明确分为上下两部分，下部分是平阇（平棊）之下，为进殿的人都可以看到的部分；上部分即平阇之上就看不见了。所以平闇之下的部件有线条装饰，如明乳栿作出月梁，之上就不加装饰了。南禅无平闇，进殿之后可以一直看到屋脊之下，这种作法，《法式》有专门名词，叫"彻上露明造"。看来，设置平闇与不设置，也是殿阁与厅堂差别之所在。设平闇的即殿阁型殿堂，以平闇为界，在结构上明确地上下分开。无平闇的，在结构上一般上下牵扯不易分开。

综合以上，我们知道这两种建筑类型的区别：斗栱大小，使用下昂与否，屋顶坡度，平闇有无都是重要分歧的所在。但最大区别，应是整个构架组织的不同。佛光整个构架看来可分上、中、下三段：下段是柱网，柱头用阑额连接，形成内外两圈同等高度的矩形框子，构成屋身框架。其上的中段，是在内外两圈柱头上架四五层柱头枋，构成井干式方框，再在内外圈相对的各柱间，挑出四五层斗栱和架起明栿，以平闇为界，使方框稳定，并使之有较大的刚性，这样就可承托上段的重量。上段即是前面讲的三角形屋架部分。这三段分明的构架组织，应是殿阁型最突出的特点。而厅堂型则是三段接合紧密，不易分清。在结构上最突出的是内外柱不同高，南禅无内柱，这个问题看不出，及到辽代建筑中就看清楚了。

南禅和佛光可以作为唐代厅堂和殿阁两种高级建筑物的实例。这个制度五代时变化不大。不过有迹象表明，厅堂这类建筑有出现超规定的僭越现象，如山西平遥北汉天会七年（963 年）建镇国寺万佛大殿。

平遥镇国寺万佛殿

平遥镇国寺大殿——万佛殿，3×3 间六架椽的厅堂型小殿（彩版八）。

在斗栱上使用了双杪双下昂柱头斗栱，这是一个僭越现象。补间与佛光寺同，但下置斗子蜀柱，转角没有新情况。屋顶坡度的比例也高耸起来，举高是 1：3.65，不仅比南禅寺 1：5.15 高，也比殿阁型的佛光寺 1：4.77 高，这也是一个僭越现象。殿内不用平闇（彻上露明造）这一点保持了厅堂制度。保存厅堂制度更重要的情况是：不是三段分明的结构组织。现补讲一下它的梁架组织：

第一跳华栱偷心。第二跳华栱偷心，承六椽明栿。两跳华栱承栿的作法这是最早的例子。

六椽明栿斫作月梁形式。其上置顺栿串、六椽草栿、四椽栿。

四椽栿两端用托脚，其上施平梁，平梁两端亦用托脚。

平梁之上出现了一组新结构，即在叉手中间使用了驼峰、蜀柱。

最后讲一下它斗栱与柱的比例是 2.45 米∶3.42 米，斗栱约为柱高的 7/10，比佛光寺 1/2 还要大。

佛光寺之后到五代结束北宋之初，即从 855～856→960 年，这一百年间木结构的发展，我们从现存实物和图像材料得到有以下几项：

柱头铺作复杂，榆林窟 16 窟（五代）壁画中的佛殿绘出双杪三下昂的八铺作斗栱，这是现知层次最多的斗栱。

补间铺作，莫高窟 231（中唐）出现与柱头相同的单杪双下昂六铺作，并且还在中心间画出两朵。莫高窟 146 窟（五代）壁画补间出现了斜栱的作法（图 5-16）。

在梁架方面，五代北汉天会七年（963 年）建山西平遥镇国寺万佛殿，平梁之上，脊槫下面叉手中间出现驼峰、蜀柱、令栱、替木上承脊槫的一组构件，这个构件出现后，叉手就开始窄小了。万佛殿还值得注意的是柱头斗栱双杪双下昂，第二跳华栱后尾承托梁栿。用第二跳后尾托梁的作法以后也流行于北方的辽代。

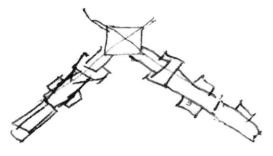

图 5-16　敦煌莫高窟五代（146 窟）
壁画殿堂补间出现的斜栱

唐五代佛塔

现存有砖石两种，这是从建筑质料上分的。从外观上分有多层、单层之分。先讲单层，现存单层塔多石塔，也有少数砖塔。它的平面有方形、六角、八角、圆形四种（图5-17），它们的发展情况是：1. 愈来愈摹仿木建筑；2. 塔台基和顶部愈来愈复杂，甚至分出了好几部分。就台基部分言，台基之上，出现的基座尚是低平阶梯式，如房山云居寺小石塔（图5-17：A）；但天宝五载（746年）登封会善寺净藏禅师塔即使用了较高的须弥座（图5-17：B）；晚到乾符四年（877年）山西平顺明慧大师塔，在须弥座式的基座下又增加一座方形基座（图5-17：C）。

多层塔多砖塔，也有少数石塔。平面有方形和八角两种。前者砖塔可分为楼阁与密檐两式。石塔现仅知密檐石塔一例。楼阁指用砖仿木塔有名的如长安年间（704年）建的西安大雁塔（图5-17：D），密檐塔如文明

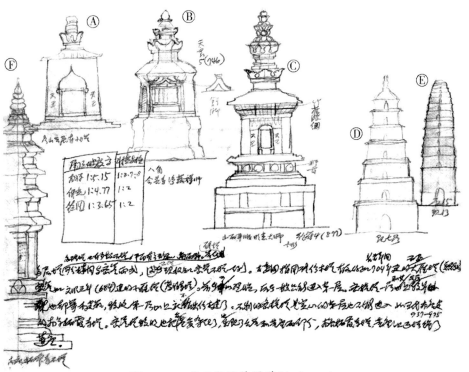

图5-17　唐五代的佛塔举例（A~F）

A. 北京房山云居寺小石塔　B. 河南登封会善寺净藏禅师塔　C. 山西平顺明慧大师塔

D. 西安大雁塔　E. 西安小雁塔　F. 南京栖霞寺塔

元年（684 年）建的小雁塔（图 5－17：E）。前者可以登临，后者一般只能进入第一层。密檐式塔一层和其上各层较早外观也都摹木建筑，较晚第一层以上就不作出仿木建了。石制的密檐塔是实心的，第一层也不能进入，如五代南唐（937～975 年）建的南京栖霞寺塔（图 5－17：F）。密檐塔较晚也把台基复杂化了，也出现了台基和基座两部分，南京栖霞寺塔，基座之上还增饰了莲座。

第六章　辽宋金元建筑

辽代木建筑

辽代建筑现存实例较多，多分布在五代后晋天福二年（937年）石敬瑭割让给辽的燕云十六州的范围内，也有一些分布在燕云十六州之北。时代较早的多在十六州内。因此，辽的建筑多承袭唐五代的制度和北宋建筑不同。现存辽代木构建筑最早的是蓟县独乐寺殿阁型的观音阁，阁建成于辽圣宗统和二年（984年）；最大的是9×5间十架椽的辽宁义县奉国寺大殿，建于开泰九年（1020年），建筑类型属高级厅堂型；另一座是典型的厅堂型殿堂，为重熙二年（1033年）建成的河北新城开善寺大殿；最高的是高67.13米的山西应县佛宫寺释迦塔，清宁二年（1056年）建。下面即以这四座建筑为主，大致概括一下辽代木建筑。

蓟县独乐寺观音阁　大家参观过了，想简略一点。5×4间（图6-1），外观二层，中有腰檐（平座），腰檐与下檐斗栱之间内部为上

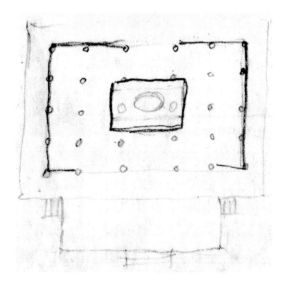

图6-1　天津蓟县辽独乐寺观音阁平面

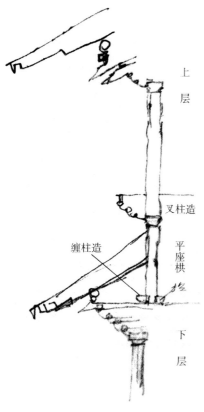

上层

叉柱造

缠柱造

平座栱

下层

图 6-2　蓟县辽独乐寺观音阁
上、下层立柱结构

下层间的夹层，所以内部实为三层。上覆歇山顶。自地面至脊槫高 19.75 米。阁属殿阁型构架，有内外柱各一圈，金箱斗底槽的柱网。除第一层内柱略高于外柱，其余内外柱皆同高，上层斗栱之上设平闇、藻井。下层外檐柱头斗栱四杪重栱偷心七铺作。腰檐斗栱，即中层斗栱，三杪重栱计心六铺作。上层外檐柱头双杪双下昂重栱偷心七铺作与佛光寺大殿外檐柱头同。上述这些结构组织说明阁的规格较高，是属于较低的殿阁型。这个大阁是当时尚父秦王韩匡嗣所建，匡嗣一家当时掌辽的兵权，皇帝圣宗就是匡嗣儿子德让所拥立，圣宗后又是匡嗣的外孙女，当时韩家势盛，德让即是后来小说戏曲中和萧太后共理辽政的韩昌，因此韩家建这个阁使用了高规格的殿阁型。下面我们再分析这个阁在建筑方面有了哪些发展和我们看到了哪些新东西：

1. 多层建筑在结构上，檐柱上层柱底立在中层栌斗上，内柱上层立在中层，中层立在下层栌斗上，即所谓叉柱造。这种作法，大约是继承前代的高阁的作法，我们曾在敦煌 321 窟盛唐壁画中看到它的图像，但没有实物。实物以此为最早。檐柱中层柱底立在下层栌斗的后面，这种作法，《法式》叫缠柱造。叉柱造、缠柱造实物都首见于此阁（图 6-2）。

2. 中层外檐平座、下层内柱和中层内柱阑额上都使用了普拍枋，这是普拍枋现知的最早实例。阑额俱在转角出头，作垂直截去式，这也是阑额出头的最早的实例。

3. 斗栱多样化，这是由于用途不同而多样的，有檐下的，有承托楼板的，有承托平座（腰檐）的和上承平阇和藻井的。我们没必要一一介绍，现只重点讲上檐的转角斗栱，它的特殊之点是在正侧面的斜线上，又各出了一道斗栱，第一、第二跳是斜栱（图6-3）。

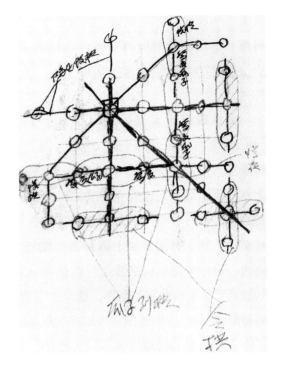

图6-3 蓟县辽独乐寺观音阁二层转角铺作仰视平面

4. 斗栱某些构件的变化，下层内柱柱头、中层平座外檐出现了计心造作法；中层内槽补间铺作出现了驼峰与蜀柱上承出跳斗栱的斗口跳的作法，注意驼峰的曲线（图6-4）；另外外檐耍头垂直截去的形

式，以上都是最早见于此阁的。栱作出的翼形栱，其形式有了变化（图6-5）。

5. 梁架方面：第一层（下层）乳栿承托在第二跳华栱后尾之上，此法首见于平遥

图6-4 蓟县辽独乐寺观音阁驼峰曲线

图6-5 蓟县辽独乐寺观音阁翼形栱

镇国寺万佛殿，可见此做法源于五代。中层（夹层）内外柱之间使用了斜撑。上层四椽明栿与草栿作法同佛光，平梁之上使用了蜀柱，这种做法也曾见于平遥镇国寺。举高 4.76∶17.42＝1∶3.68，比佛光寺 1∶4.77 为高。

义县奉国寺大殿　（《文物》1961 年 2 期），四注顶，面阔九间（48.20 米）进深五间十椽（25.13 米），开泰九年（1020 年）建，比观音阁晚了三十六年（图 6-6）。从它的整体结构看，却与殿阁不同。它内柱比外柱高出很多，这样在梁架结构上就不能形成像佛光寺大殿那样三段叠起的形式，柱子与斗栱和平梁以下的各种梁已分不出层次了，也没有平棊的设施，成了所谓"彻上露明造"的做法（图 6-7）。以上不同于殿阁的结构，是厅堂型结构的特点，但值得注意的是，外檐斗栱使用了高规格的双杪双下昂重栱偷心七铺作。这一点，也许是和平遥镇国寺大殿相同（厅堂类型僭越制度），但镇国寺大殿是 3×3 间小殿，可以说是僭越，这里是 9×5 间的大殿，说是僭越好像不妥，因此，我们暂把它定为厅堂与殿阁之间的一种类型，也许更为合适。

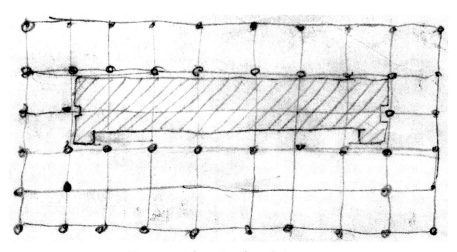

图 6-6　辽宁义县辽奉国寺大殿平面

现在具体分析一下奉国寺大殿的时代特点：

1. 在柱额部分：柱网布局前后不对称，在古建中，首见于此。不对称在梁架结构上就要复杂化，这也反映建筑技术的水平有了较高的发展。柱础覆盆上出现了卷云和牡丹的纹样，普拍方使用普遍，普拍方、阑额出头垂直截去斫成"丁"形，与观音阁的相同，内柱升高突出，也无前例。

2. 在斗栱部分：外檐柱头的组织双杪双下昂七铺作同前；外檐补间与柱头铺作组织同，但补间最下部分栌斗不置于普拍方上，而坐于驼峰上（图6-8），不出泥道栱而出翼形栱的做法始于此殿；外檐转角

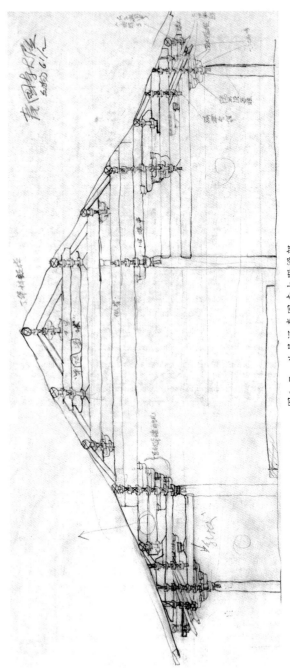

图6-7　义县辽奉国寺大殿梁架

栌斗两侧各置附角斗一朵，这种做法，过去叫它"缠柱造"，叫错了，现在我们不再叫了，只以正侧面各有附角斗来代替。正侧面附角斗同样各向前出双杪双下昂七铺作，由昂上平盘斗面蹲踞角神，头顶大角梁。角神实例在木建筑中以此为最早。转角替木延长到补间，通替木出现了（图6-9）。内柱斗栱没有

图6-8　义县辽奉国寺大殿补间
铺作栌斗坐于驼峰上

特殊的地方。

3. 梁架部分：梁架复杂上面已经说过了。在组织上它的新发展有：用了较多的复梁（前面两个四椽栿，六椽栿下前面使用顺栿串，六椽栿本身上面置缴背，平梁下置"平梁随栿"）；平梁之上叉手之间使用了丁华抹颏栱与独乐寺山门同（图6-10），托脚减少了一根（独乐寺双托脚），举高1：4，比观音阁高。

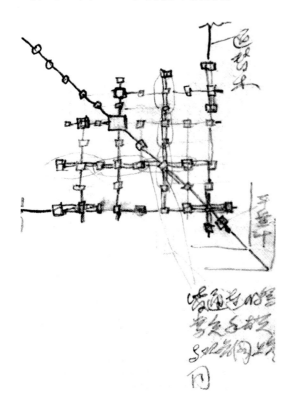

图6-9　义县辽奉国寺大殿转角
铺作仰视平面

4. 彩画：建筑上的装饰花纹。梁底画飞天供养。窄的梁枋底画网目。斗栱画锦文（多四瓣花），朱红、黄丹暖色、间用冷色绿，皆彩

图 6-10　义县辽奉国
寺大殿平梁之上
的丁华抹额栱

图 6-11　义县辽奉国寺大殿梁枋彩画举例

画中高级的"五彩遍装"。部分枋和栱眼壁画写生花，有牡丹、莲花、海石榴（图 6-11）。这部分辽代遗迹一直保存下来是很出乎意外的。

新城开善寺大殿　　（《文物》1957 年 10 期）四注顶，面阔五间 25.8 米，进深三间六架椽 14.43 米（图 6-12）。在结构布局上是六架椽屋乳栿四椽栿用三柱。辽重熙二年（1033 年）建，比奉国寺大殿晚 13 年。因此没有太大的变化，这里讲它，是因为它是典型的厅堂型建筑。说它是厅堂型的典型，由于它在各个方面都具备了厅堂的条件：斗栱用双杪重栱五铺作；内柱升高，柱子与斗栱结合在一起；彻上露明造，无平棊。它在细部上有时代意义的是：

1. 在柱额部分：柱网布局出现了新样式；普拍方、阑额出头为当时流行的垂直截去式，成"T"（即为一横一竖垂直式）型断面与奉国寺同。

2. 在斗栱部分：外檐柱头计心造，观音阁出现在外檐平座和内柱头上，其次是重熙七年（1038 年）的

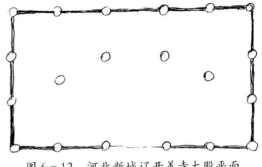

图 6-12　河北新城辽开善寺大殿平面

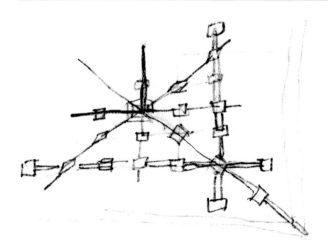

图6-13　新城辽开善寺大殿转角铺作仰视平面

大同华严寺下寺薄迦教藏殿。转角使用斜栱是观音阁以后之例（图6-13），补间下部尚用蜀柱，无驼峰，和观音阁同。要头还是批竹式也与独乐寺相同（栱头卷杀分四瓣，每瓣有0.2厘米的内颧，这种做法见于北朝晚期的石窟寺，

响堂、天龙山，唐五台山南禅寺，此是最晚之例）。

3. 在梁架部分：出现了雀替（角替），这是为了防止梁架的中弯下沉而安排的中间辅助力量。平梁上用丁华抹颏栱和用托脚与奉国寺同，但这里托脚不缺少，尚是旧法。殿的举高为1:3.9，与《法式》厅堂1:4的

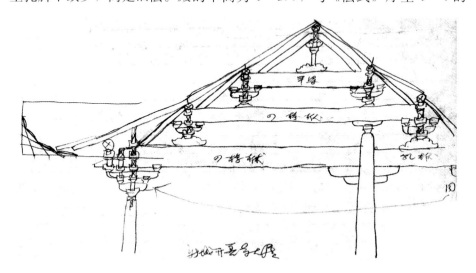

图6-14　新城辽开善寺大殿梁架和斗栱栱头卷杀

作法很接近（图6-14）。

应县木塔 平面八角，五层六檐，二～四层都有平座夹层，实际是十层，每层每面面阔三间，底层有副阶一匝，连副阶计直径 30.27 米（图6-15）。塔高从地面到塔刹顶端高 67.3 米。辽清宁二年（1056 年）建，比开善寺大殿又晚了二十三年，但一般认为清宁二年是开创之年，其实际完工已到了辽末甚至金初（辽亡于 1125 年），因

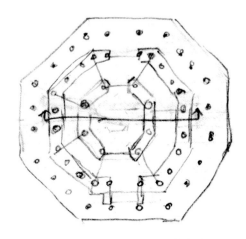

图6-15 山西应县辽佛宫寺木塔平面（柱网布局）

此，它可以作为最迟的辽建的标本。该塔有年代意义的细部变化：

1. 在柱额方面，流行阑额普拍方，但在角柱上前者不出头，与其他辽建不同，但阑额不出头的作法是唐～宋的作法，并不是晚期特征。

2. 在斗栱方面，样式多种，54 种斗栱，区别大的有 36 种，值得注意的有：（1）副阶中心间补间的斗栱出跳与柱头同（双杪）；（2）次间只在斗子蜀柱上出一跳头（斗口跳）（图6-16）；（3）在自第二层以上的各层只中心间有补间斗栱，次间无；（4）在第三层中心间补间用 45°斜栱，第二层中心间补间用 60°斜栱。补间用 45°斜栱最早见于薄伽教藏殿（重熙七年，1038 年），60°斜栱则首见于此（图6-17）；（5）转角都用斜栱，不少朵的令栱都作鸳鸯交手式；（6）转角与补间距离近替木连接，与奉国寺相同，

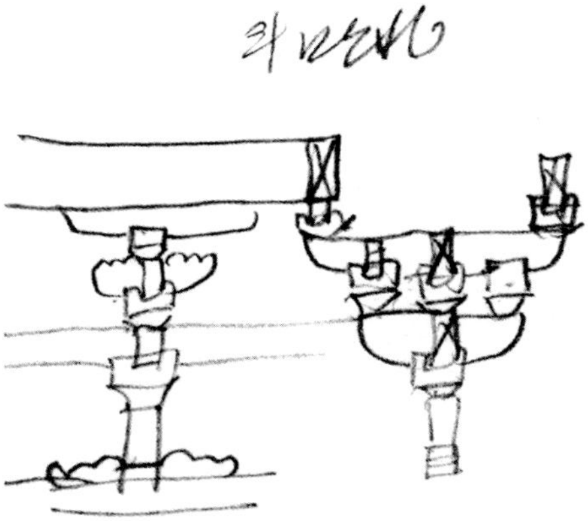

图6-16 应县辽佛宫寺木塔副阶次间补间铺作（斗口跳）

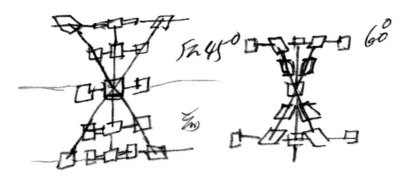

图 6 - 17   应县辽佛宫寺木塔上的斜栱

用通替木。

3. 在梁架方面，在第一层内槽平闇藻井，外槽置平棊，第五层之上设平棊和藻井（平棊和藻井始于薄迦教藏殿，平棊与平闇不同，其改变在观音阁和教藏之间）；第五层梁架"前后乳栿用四柱"，其间架六椽栿，六椽栿上架平梁，平梁之上立刹柱。无叉手，这是由于塔顶特殊的缘故，但无托脚，值得注意。整个梁架用长短梁木垒成。柱网、斗栱与梁架三个阶段的殿阁型构架非常清楚（图 6 - 18）。

辽代建筑我们讲的比较多，这是由于现存的辽建多，保存也较好，研究的成果也较多，因此，我们容易讲的透彻些。另外，辽建上承唐建，下面也和宋建有一定关系，因为宋建也是承袭唐建的。掌握了辽建的发展变化也可以说掌握了古代建筑的关键部分。下面接着讲宋金元建筑就方便了。金虽然上接辽，但金建和辽建大不相同，因为金的领域南边直到淮河，西边包括了陕、甘，即占领了北宋时期的中原地区，因此，金建的来源就有不少北宋——特别是北宋的某些地方因素，而又不同于南宋，所以下一个题目，我们先讲北宋的建筑官书——《营造法式》，然后应当分南方地区和北方地区：南方地区包括南北宋，下面到元；北方则是金元。

我们讲了三个辽代建筑，又参观了独乐寺，希望大家拿辽建做一个基点，上面可联系唐，下面和它同时期的北宋建筑相比较。金代建筑的特点

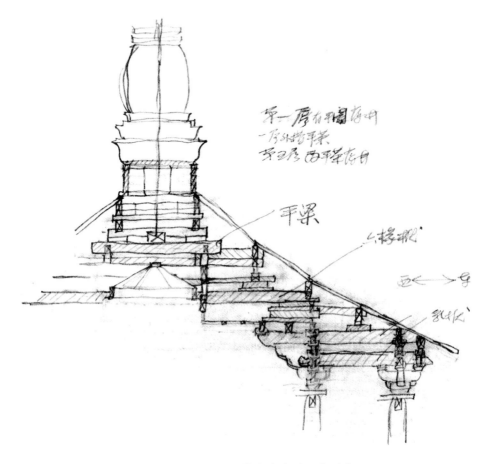

图 6-18　应县辽佛宫寺木塔顶部梁架

处在辽宋之间，我们不讲了，大家可参看《中国建筑技术史》的晋祠献殿
（第 102～103 页）和朔州崇福寺弥陀殿（1143 年，第 107 页）。

《营造法式》简介

　　《营造法式》（以下简称《法式》），是神宗熙宁（1068～1077 年）敕令
将作监所编，至哲宗元符三年（1100 年）成书，徽宗崇宁二年（1103 年）
雕版印行的。宋政府编集此书的目的是为了统一建筑物的一切制度，包括

形制、装饰、估工算料和示范的图纸。这是一部官定的实用之书。因为是官定的"法式"，所以对宋代建筑的影响很大，特别是官家兴建的建筑，它也一直给予宋以后的官式建筑以影响。因此它对于研究古代建筑的人来说就是一部必读的参考书了。

因为是将作监官修，所以标将作监的领导李诫撰。崇宁印书时诫为将作少监，不久又升为正监。以一个单位的首长领衔这个单位的著作，是当时的风气，所以我们不必一定死凿地认作为李诫著。实际上李诫进书序中就说到："臣阅考旧章，稽参众智"。

《法式》三十四卷，看详一卷，目录一卷，共三十六卷。看详是择要。一、二卷总释（释名，解释名称的来历）。卷三壕寨制度、石作制度（土方、石方工程）。卷四、五大木作制度（即盖房屋）。卷六到十一小木作制度（门窗装修、平棊藻井、佛道帐［佛道龛］）。卷十二雕作、旋作、锯作、竹作制度（加工技法、名词、选料）。卷十三瓦作、泥作（结瓦、垒脊；版筑、用泥［画塑］）。卷十四彩画作。卷十五砖作、窑作（用砖制度，烧砖瓦垒窑）。以上卷三～十五是记载"制度"即形制的部分。第十六～二十五卷是诸作功限，是估计工作目的（计算劳动定额的）。卷二十六～二十八，是诸作料例，计算材料限量，是估料的。卷二十八末为"诸作等第"是把各作按费工的时间分为上中下三等。第二十九～三十四是诸作图样。

以上这些内容，我们想着重介绍一下大木作制度。介绍它的目的有二：一是北宋建筑实例缺点多，找不出很典型的，介绍大木作实际也是介绍典型的北宋木建筑；二是通过这个介绍以引导同学自己直接看这部重要文献，当然这部文献有许多地方还读不懂，但我们不断和当时的遗物对照研究，将来总有大部分读懂的一天。现可参看梁思成《营造法式注释》（清华大学出版社，1983年）和陈明达《营造法式大木作研究》（文物出版社，1981年），也可参看竹岛卓一《营造法式の研究》（日本中央公论美术出版社，1970年）。

1. 材栔问题：

《法式》明确记录了当时建筑的标准尺寸曰"材"。现在讲这段话（参看〈大木作图样〉一）：《法式》说"凡构屋之制，皆以材为祖。材有八等，度屋之大小，因而用之"。八等材的尺寸和使用的规格，列表如下：

等级	广×厚（以宋寸为单位）	使用范围	每份尺寸
一等材	9.00×6.00（分、厘）	面阔 9~11 间殿	0.6 寸（六分）
二等材	8.25×5.50	面阔 5~7 间殿	0.55（五分五厘）
三等材	7.50×5.00	面阔 3~5 间殿，面阔 7 间厅堂	0.50（五分）
四等材	7.20×4.80	面阔大 3 间殿，面阔五间厅堂	0.48（四分八厘）
五等材	6.60×4.40	面阔小 3 间殿，面阔大 3 间厅堂	0.44（四分四厘）
六等材	6.00×4.00	亭榭，面阔小 3 间厅堂	0.40（四分）
七等材	5.23×3.50	小殿，亭榭	0.35（三分五厘）
八等材	4.50×3.00	殿内藻井，小亭榭	0.30（三分）

1~8 等材有了具体的尺寸之后，《法式》记"各以其材之广（高），分为十五分（份），以十分（份）为其厚。凡屋宇之高深、名物之短长、曲直举折之势、规矩绳墨之宜，皆以所用材之分（份），以为制度焉"。各以其材之广，分为十五份，以十份为其厚，因此各等材的份的具体尺寸都不

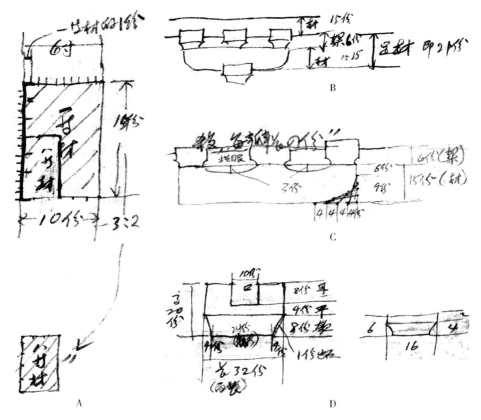

图6-19　《营造法式》材、栔、栱、栱头卷杀、栌斗、平盘斗图样
A. 材、份　B. 材、栔、足材　C. 栱、栱头、卷杀　D. 栌斗、平盘斗

相同。一等材每份的尺寸就最大，依次减少，八等材的份的具体尺寸就最小，等于一等材的一份的1/4。各等材的厚为十份，一份的具体尺寸就是厚的1/10（图6-19：A）。有了各等材的份的具体尺寸，就拿这个份的具体数字来规定"屋宇之高深、名物之短长、曲直举折之势"等等，即建筑物的一切尺寸，都根据各等材的建筑物的份来制定。份出于各等材，因此，说"构屋之制皆以材为祖。"

《法式》还记："栔广六分（份），厚四分（份）。材上加栔者，谓之足材。"栔的广度即是材与材之间的距离。一般栱与枋都是一材广（即一材的高度，图 6-19：B）。

2. 栱的尺寸（〈大木作制度图样〉二）：

《法式》说："凡栱之广厚并如材（15×10 份）。栱头上留六份，下杀九份。其九份匀分为四或五大份；又从栱头顺身量为四或五瓣。各以逐瓣之首，自上而至下，与逐瓣之末，自内而至外，以真尺对斜画定，然后斫造"（图 6-19：C），"华栱，足材栱也；两卷头者其长七十二份，每头以四瓣卷杀，每瓣长四份。""栱两头及中心，各留坐斗处，余并为栱眼，深三份。""如造足材栱，则更加一栔，隐出心斗及栱眼。"其他栱的广（长度）：泥道、瓜子栱同长六十二份，令栱与华栱同长七十二份，慢栱最长九十二份。各栱高如材即十五份。栱头卷杀，略同华栱。

3. 斗的尺寸（〈大木作制度图样〉三）：

《法式》记载："栌斗高二十份，上八份为耳，中四份为平，下八份为欹。开口广十份，深八份。底四面各杀四份。欹颛一份。"

"交互斗、齐心斗、散斗皆高十份，上四份为耳，中二份为平，下四分为欹。开口皆广十份，深四份。底四面各杀二份，欹颛半份。""不用耳，谓之平盘斗，其高六份"（图 6-19：D）。

4. 斗栱的细部：

a. 斗栱比例，即檐柱与柱头斗栱的比例 3.5：1。

b. 补间的形制与数字：与柱头同，数字规定是中心间二朵，次间迄末间皆一朵。

c. 转角有使用圜栌斗的做法。圜栌斗长（面径）三十六份，底长（底径）二十八份，余同一般栌斗。也有用附角斗的做法。

d. 昂的形制：有批竹昂与琴面昂之别，批竹昂也有两种形制。昂下垫以华头子，华头子有的是梁头伸出。出现了假昂。有插昂。假昂与插昂上面的要头有的是梁头伸出（图 6-20：A～D）。

梁头伸出是一个值得注意的现象。

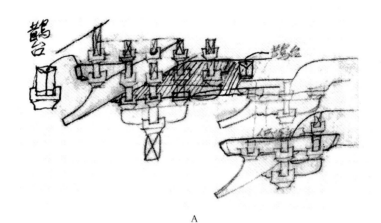

A

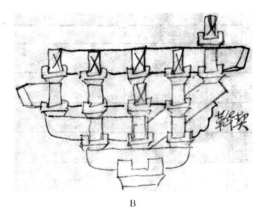

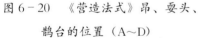

B

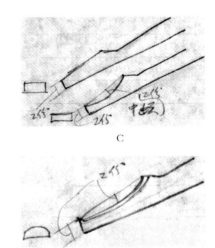

C

D

图 6 - 20　《营造法式》昂、耍头、
　　　鹊台的位置（A～D）

以上都是下昂。还有上昂。上昂用在后尾，上昂后用了一个"鞾楔"
支撑。其作用与下昂相反，增加铺作高度减小挑出深度。

e. 耍头流行蚂蚱头式，上有鹊台。

f. 替木废掉了，规定使用撩檐枋，撩风槫不大流行了。撩檐枋之后有
的设衬枋头；其后尾压在昂上。

g. 法式规定的斗栱绝大部分都是计心造。从此偷心的做法少见了。

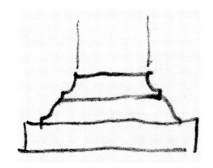

图6-21　《营造法式》柱与柱础

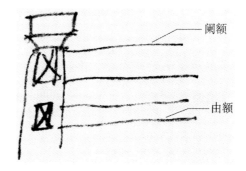

图6-22　《营造法式》阑额与由额

5. 柱额问题：

a. 柱下础，规定有覆盆部分，其上有楎（图6-21）。

b. 柱头卷杀作覆盆样。柱有梭柱的做法，分柱为三分，上一份内杀。

c. 柱的生起、侧脚有了规定。"随柱之长，每一尺即侧脚一分（份）"。"十三间殿堂则角柱比平柱生高一尺二寸，九间……八寸，七间……六寸，五间……四寸，三间生高二寸。"

d. 阑额之下有由额，由额宽减阑额二～三份（图6-22）。阑额不出头与唐制同，与辽建异。

e. 普拍方只用在平座上，在角柱处出头垂直截去。檐下斗栱之下不用普拍方。

6. 梁架问题：

a. 平梁之上规定蜀柱与丁华抹颏栱的做法（图6-23）。叉手陡而细了，因为有了前面的一套作法，叉手的作用减少

图6-23　《营造法式》脊槫、平梁间的组织

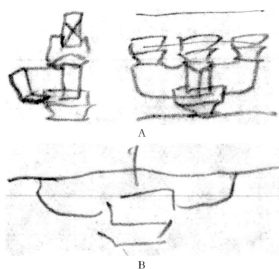

图6-24　《营造法式》把头绞项造（A）
与单斗只替（B）

了，因而徒具形式了。

b. 规定上下槫之间都用托脚。

7. 建筑物的类型：

归纳《法式》大木作的记载，知道有四种类型：殿阁、厅堂、余屋和亭榭。

a. 殿阁是最高规格的建筑物，最大的面阔是十一间，进深十二架椽，间广375份，心间可增至450份，可从一等材用起至五等材。殿内可设平棊藻井，屋顶坡度（屋架的高度与进深之比）1：3，用八铺作至五铺作，补间1～2朵。

b. 厅堂次于殿阁，最大的面阔是七间，进深最大的十架椽，间广300份，心间可增至375份，从三等材用起至六等材。屋内主要为彻上露明造，屋顶坡度1：4，最大用六铺作至斗口跳（跳头不置横栱，承托撩檐枋），四铺作可用把头绞项造（图6-24：A），补间只用一朵或不用。

c. 余屋不计面阔，可以很长如库房、廊房之类，进深最大的十架椽，最小的可用两架椽，最大间广可能是250份，也是从三等材用起至七等材。屋内主要为彻上露明造，屋顶坡度1：4，不用铺作，可只用栌斗、替木，叫"单斗只替"（图6-24：B）

d. 亭榭不计面阔、进深和间广，从六等材用起至八等材。平面方形的边长225～500份，八角形的径375份～750份。屋内情况未记，高度未记，补间铺作可在两朵以上。

关于宋金元时期的具体实例，不再一一讲了，希望大家自己看点材料，主要是图，下面开个单子，是根据《中国古代建筑技术史》列出来的（所附页码即是该书页数）：

1. 北宋北方两例：大中祥符元年（1008 年），山西榆次雨华宫大殿，第 97 页（《营造学社汇刊》七卷二期）；天圣间（1023~1031 年）太原晋祠圣母殿，第 94~95 页。

2. 北宋南方一例：大中祥符六年（1013 年），浙江宁波保国寺大殿，第 95 页（《文物参考资料》1957 年 8 期）。

3. 金两例：无确定建年的山西太原晋祠献殿，第 102~103 页；皇统三年（1143 年）朔县崇福寺弥陀殿，第 107 页。

4. 元北方两例：中统三年（1262 年）山西芮城永乐宫三清殿（至元十六年即 1279 年亡南宋），第 108~110 页；无确切纪年的山西洪洞广胜寺上寺前殿，第 115~116 页。

5. 元南方一例：延祐四年（1317 年）浙江武义延福寺正殿，第 116~117 页。

第七章　明清建筑

明清木建筑

元时代短，木结构变化适在宋明之间，我们为了节省时间，不单独立章节，附述在明清建筑中。

自北宋颁布《法式》不久，即出现了南北对峙的宋金局面，这时的对峙与辽宋不同，因为辽的统治并未进入中原而金则到了淮河，真正形成了中国历史上的第二个南北朝。由于政治的原因，在这个时期木结构的地方特点发展迅速。现存于山西各地的金代建筑，有不少和《法式》的记录不同，长江以南特点更多。元虽然统一了，但木结构的一致性仍不显著。明统一后逐渐产生的官式做法，由中央传布到地方。这是当时根据南北各地的发展作了一次统一的安排。这个统一安排到清初公布工部《工程做法》则例时正式巩固下来。这部则例的出现并不偶然，满清进关，到康熙之初已近二十年（1644～1662 年），康熙纪元到六十一年（1662～1722 年），两个加起来差不多有八十年了，这时中国内部已安稳下来，康熙本人又重视科学技术，全国规模的营建日益开展，重订一部实用的统一规格的工程文件提到了日程上来（上距《法式》成书已经五百多年了），雍正十二年（1734 年）完成了工部《工程做法》。《工程做法》共七十卷，此书对木结构的制度、做法、用料的规定比《法式》还详细，遗憾的是没有图。因此，看这部书一定要参考 1932 年梁思成编写的《清式营造则例》（1981年，中国建筑工业出版社重印），还有 1985 年井庆升编写的《清式大木作操作工艺》（1985 年，文物出版社）。这两部书都是根据老建筑工匠口述或讲解撰写的。20世纪三四十年代，北京文物整理委员会赵正之先生经手组织拆建、重修了不少北京明清建筑，积累了不少明清官式建筑的知识，五十年代在清华曾撰写过教材。我们这一讲，主要是根据上面的成果，再简要介绍给大家。

明清建筑一般不用《法式》名词，用《工程做法》的名词。

1. 建筑的等级

明代建筑等级现存资料不全面，《工程做法》只记有大式、小式之分，但从清代实例看似可分作殿式、大式、小式三大级。

殿式是指宫殿、贵族住宅和大庙宇，大式指官僚住宅和小庙宇，小式是一般平民住宅。

小式以明间面阔作标准，如面阔一丈，檐柱高七尺五寸，径六寸五分，出檐为柱高的三之一。主要是硬山和卷棚顶，间有悬山顶。用一层橡，顶用仰瓦灰梗。墙用青砖大灰缝。

大式也以明间面阔为标准。可用硬山、悬山、歇山、四注顶。用两层橡（加飞子）。用阴阳瓦（板瓦和筒瓦），可用脊兽。墙用外面磨的青砖，小灰缝。

殿式，任何顶都可用，可用斗栱。皇帝用黄琉璃瓦，王用绿琉璃瓦和剪边琉璃。磨砖（五面磨、向内一面不磨）对缝干摆、不勾灰缝。

2. 用材问题

用材即是标准尺寸问题。大小式是以明间面阔为准，殿式较为复杂。宋代《法式》说："材有八等"，清代殿式材分十一等，第一等材也厚六寸，依次递减至一寸。清不用材这个名词，叫"斗口"（又称口份），这个斗口的具体尺寸是用补间铺作（平身科）栌斗斗口的宽度。用一等材，即是说这座建筑物的补间铺作栌斗斗口宽六寸，用第十一等材，即是说这个建筑物补间栌斗口宽一寸。以斗口的宽度为准，来规定其他各部件的长、高、宽尺寸。

3. 斗栱的变化

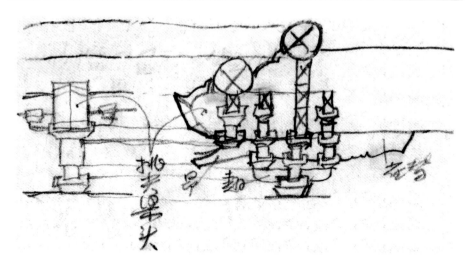

图7-1　明清柱头斗栱——柱头科

　　斗栱缩小，是这个时期的显著特点。斗栱缩小，从功能上讲，愈来愈不起作用了。它在明清建筑中逐渐成为装饰品。斗栱成为装饰，是由梁头伸出，直接上承檐桁的重量，起了挑檐的作用开始的。用梁头挑檐，虽然不能像以前那样深远，但从明以来大量使用了砖墙，砖墙就不像土坯墙那样需要出檐深远来保护，以防风雨的侵蚀。这是一方面，另一方面，明清使用了西南的大木料，柱子本身加高，也不需要斗栱出跳来升高屋内的梁栿了。斗栱的变化是木结构变化中的最关键的部分。上述这个变化，虽然开始于明，但完成却在清初。变化的具体情况是：

　　a. 柱头铺作（柱头科）斗栱出跳为了承托伸出的梁头，梁头宽大，所以斗栱本身，特别是斗身愈向上愈加宽。这个变化始于明中叶，入清更加剧了（图7-1）。

图7-2　清代《工程做法》斗口模数

　　b. 补间铺作

（平身科）完全成了装饰，体积愈来愈缩小，这样补间的数字就要增多：

明从四朵→五朵→八朵→十一朵，都用计心。斗栱之间宋以来一直是砌土坯涂白墙画彩画的栱眼壁，明以来才代之以上画彩画木制的垫斗板。垫斗板的宽度，也即是斗栱之间的间距。这个部分，明清有个明显的区别。明以间为单位，每朵间距相同，形成心间因为补间斗栱多，所以斗栱间距小，而越向外的，间距因为补间斗栱少，而越宽。清代，统一了各间斗栱的间距，统统相距 11 个斗口（图 7－2）。

c. 转角铺作（角科）明中叶以前尚多附角斗的作法，以后逐渐废掉了。

d. 斗栱的细部变化，这里只讲斗和昂特别是昂的变化。斗欹有䫜一直到清初，雍正以后废掉了䫜，成为直斜线。昂的变化很显著，它是沿着宋元的假昂、假华头子而变化的。由于这部分现存资料丰富，可以讲详细点：

宋元假昂昂正面直抵其上的散斗底，假华头子长，作出四个曲线，昂面上的散斗底中线约位于最前二个曲线之间；明代假昂正面上部出现了“凤凰台”，假华头子缩短，只作出三个曲线，最前的曲线约抵于昂面上散斗底的中线；清康熙时，“凤凰台”长度扩大并斜下了，假华头子只作出二个曲线，最前曲线之端已退到昂面上散斗底中线之后；乾嘉时假昂加肥、昂嘴升高了，假华头子前面曲线之端，更退到昂面

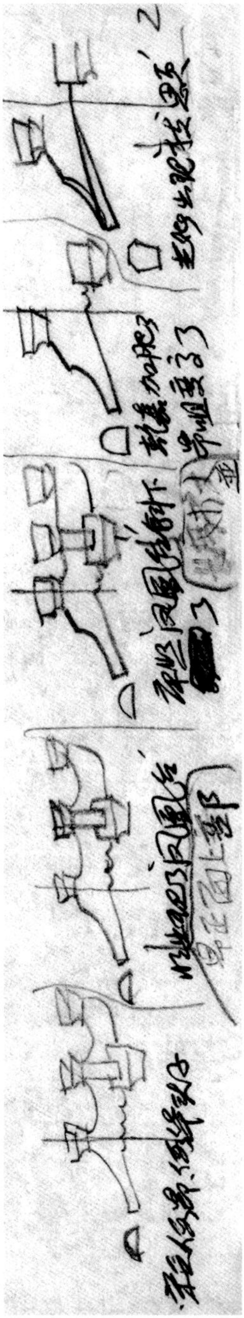

图7－3 假昂、假华头子细部变化

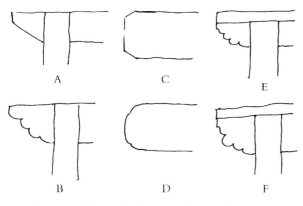

图7-4　阑额（额枋）、普拍方（平板枋）

出头处装饰曲线的变化（A~F）

上的散斗之后；到了清末光绪时期假昂出现了"拔颤"作法，假华头子只剩一小段直线，其前端已退到昂面上的散斗之后了（图7-3）。

4. 柱额的变化

特点是升高加繁，升高指柱，加繁指额。

a. 柱础的变化

官式从覆盆柱础，改成只用楯的古镜形式。朴素无华。但在民间特别是南方柱础层次加多。

b. 柱的变化　侧脚、生起之制流行至明中叶，以后逐渐不用。生起先废掉，侧脚有的只在檐柱上使用，清代名叫"掰升"。柱头卷杀做法也逐渐废掉。由于梁架结构更加规律化，内柱一根不减的作法在清代极为流行。清代主要在柱子做法上出现了拼接的作法，因而使用了铁活，于是在装修上也出现了变化，清以前直接在木柱上饰油彩，清为了掩盖拼接的痕迹和铁活，因此出现了地仗（麻丝、麻布、灰［血料、面、桐油、砖灰调料］）然后再施油彩。

c. 阑额与普拍方的复

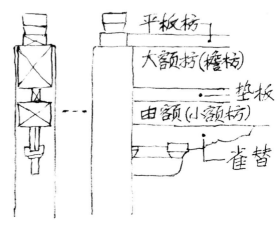

图7-5　阑额（额枋）构件的繁杂化

杂 宋（保国寺大
殿）金（善化寺山
门）代出现把阑额斫
成月梁形式，元时尚
存这种做法。元代阑
额出头处出现装饰
线，有的下部抹斜
（图7-4：A）或作
出多层曲线（图7-
4：B）。普拍方平面
的装饰线有的作出抹
角（图7-4：C），
有的作出海棠曲线
（图7-4：D）。入明
以来阑额（额枋）普
拍方（平板枋）的装
饰线渐趋一致，普拍
方直截不刻装饰线，
恢复了早期样式，阑

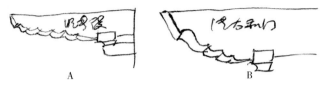

图7-6 明长陵（A）和清太和门（B）的雀替

图7-7 穿插枋（A）、隔架科（B）的位置

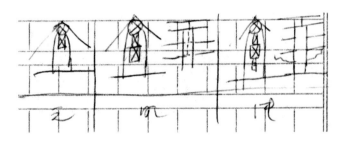

图7-8 梁架脊槫（檩）以下结构的变化

额则出现"霸王拳"的曲线，明代的曲线尚简单（图7-4：E），清代曲线则
有显著的凸出部分（图7-4：F）。明清又在阑额、由额（小额枋）之间出现
由额垫板，由额下加雀替（图7-5），雀替下面另讲。

5. 雀替的变化 宋金用于室内，元亦然。明开始用于檐柱上端的两
侧，曲线缓和，清代则突出了"脸"的部分，曲线也不一样。清代更用于
梁架，它的形制在檐柱上的大不同于明代（图7-6）。

6. 梁架的发展 明清在内外柱之间的中上部使用了穿插枋（图7-7：
A）。在大梁、二梁间出现了隔架斗栱名叫"隔架科"（图7-7：B）。平梁以

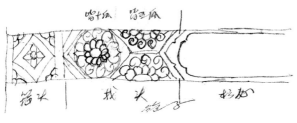

图7-9 旋子彩画

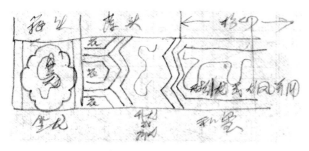

图7-10 和玺彩画

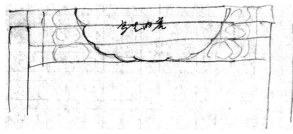

图7-11 苏式彩画

上元晚期废了叉手，脊槫下的结构也发生了变化（图7-8）。

7. 彩画的发展

画在梁架上的，宋元都是写生花；明代中叶发展出了旋子彩画，并出现了一套规整的组织，即箍头、找（藻）头、枋心三个界限分明的部分，枋心长度占全长的1/2，至清则缩至1/3。箍头画花、兽，藻头则画旋子花，枋心无画，这种彩画叫旋子彩画（图7-9）。斗栱则用蓝绿两色，无画。清初出现了箍头、藻头、枋心都画龙的名叫和玺彩画，专用在宫殿上（图7-10）。清中叶出现苏式彩画，它使用的范围宽。在皇室可用于离宫别馆。它的特征是在梁枋正中好像画出一块斜角敷下的桌布，其上画雀鸟人物（图7-11）。

第八章　小　结

第六、七两章，由于时间的关系略去了南方木建筑、北方木建筑、辽宋金元佛塔和明清喇嘛塔四节。最后我们讲殿式建筑的最大开间宽度的变化，和复习两个比例数字：

1. 最大开间时代愈晚开间的数字愈大（图8-1）。

2. 屋顶坡度即举高，一般来说时代愈晚愈高：如其比例从唐佛光4.77∶1，宋《法式》3∶1，到明清愈加高耸：明是2.7∶1，清是2.5∶1（图8-2）。

3. 外檐柱头斗栱与檐柱的比例，时代愈晚差别愈大：从唐佛光1∶2；宋《法式》1∶3.5；明1∶4；清1∶6（图8-3）。

这三个数字容易记忆，也容易分辨。从现在掌握的古建实物看：屋顶越来越高，斗栱越来越小，开间越来越大，这当然反映了我们建筑技术的进步，但另一方面也可以看出用木材越来越高大，高大的木料稀少了，就出现了上述的拼接问题。也正由于木料的难求，使得我国古建系统的等级差距愈来愈大，到了明清，殿式建筑与一般的民间建筑（小式，包括大部分的大式）大小、高低越来越悬殊。这种情况实际是越来越限制了木建筑的发展，实际上，也可

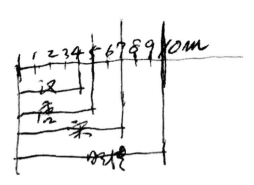

图8-1　汉唐以来殿式
建筑开间的变化

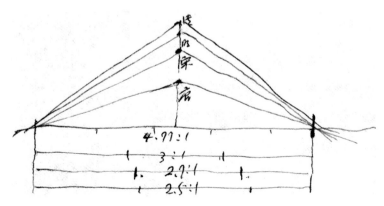

图 8-2 唐以来殿式建筑屋顶举高的变化

以说木建筑由于原料的日益稀少，日益衰落已是难以挽回的了。

这个课有两个重点，唐以前我们着重讲遗址，唐以后着重讲实物。前者为了提示大家对发掘出来的遗迹——特别是较大的建筑遗址，应该注意什么问题：建筑的布局、柱网的遗迹和某些建筑构件；也讲了一些图像，目的是使大家了解当时建筑立面的情况。后者唐以来实物多了，除了注意以前应注意的问题外，对斗栱和梁架作了重点讲述，希望通过这两点使大家掌握一点分辨年代的方法，也希望通过画图，大家能作一点起码的记录。在结束时，我再强调一下这个课的重点所在，希望大家能够找时间按重点全面复习一下。

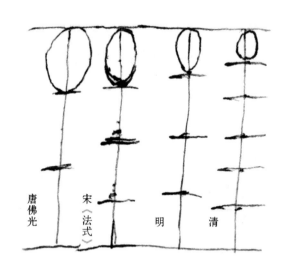

图 8-3 唐以来殿式建筑外檐柱头斗栱
与檐柱高度的比例变化

后面这几讲本来要安排

一次参观实习。我想不必作死的规定，大家也可以在寒假期内自己进行：

1. 去看一下国子监的先师门，它的外观主要还保存了元的形式，例如斗栱与柱子的比例，斗栱的组织和梁架大部分的结构。转角有附角斗。希望画一张梁架结构，包括柱头斗栱。

2. 看一下太庙（劳动人民文化宫）的大殿，是明代的典型殿式建筑。

3. 看一下故宫太和门，它是清晚期重建的。看太和门时最好画一张梁架结构。

下学期做好作业的可以交来，有需要订正的地方，我可以给改一改。